从居里夫人谈放射化学

刘枫　主编

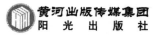

黄河出版传媒集团
阳　光　出　版　社

图书在版编目（CIP）数据

从居里夫人谈放射化学 / 刘枫主编 .–– 银川：阳光
出版社，2016.7（2022.05重印）
（站在巨人肩上）
ISBN 978-7-5525-2790-2

Ⅰ.① 从 … Ⅱ.① 刘 … Ⅲ.① 居里夫人，
M.（1867–1934）– 生平事迹 – 青少年读物②放射化
学 – 青少年读物 Ⅳ.① K835.656.13–49 ② 0615–49

中国版本图书馆 CIP 数据核字 (2016) 第 181688 号

站在巨人肩上 从居里夫人谈放射化学 刘枫 主编

责任编辑 徐文佳
封面设计 瑞知堂文化
责任印制 岳建宁

黄河出版传媒集团
阳光出版社 出版发行

地 址	宁夏银川市北京东路139号出版大厦（750001）
网 址	http://www.ygchbs.com
网上书店	http://shop129132959.taobao.com
电子信箱	yangguangchubanshe@163.com
邮购电话	0951–5047283
经 销	全国新华书店
印刷装订	天津兴湘印务有限公司
印刷委托书号	（宁）0020164

开 本	710mm×1000mm 1/16
印 张	9.25
字 数	148千字
版 次	2016年7月第1版
印 次	2022年5月第2次印刷
书 号	ISBN 978-7-5525-2790-2
定 价	35.80元

前　言

哲人培根说过:"读史使人睿智。"是的,历史蕴含着经验与真知。

科学的发展是一个漫长的过程,一代又一代的科学家曾为之不懈努力,这里面不仅有着艰辛的探索、曲折的经历和动人的故事,还有成功与失败、欢乐与悲伤,甚至还饱含着血和泪。其中蕴含的人文精神,堪称人类科技文明发展过程中最宝贵的财富。

本系列丛书共 30 本,每本以学科发展状况为主脉,穿插为此学科发展做出重大贡献的一些杰出科学家的动人事迹,旨在从文化角度阐述科学,突出其中的科学内核和人文理念,提升读者的科学素养。

为了使本系列丛书有一定的收藏性和视觉效果,书中还汇集了大量的珍贵图片,使昔日世界的重要场景尽呈读者眼前,向广大读者敬献一套图文并茂的科普读本。

由于编者水平有限,加之时间仓促,疏误之处在所难免,敬请广大读者批评指正。

编者

目　录

居里夫人的自我介绍

荣誉不关系未来。

——玛丽·居里

名句箴言

自我介绍

我是玛丽·居里（Marie Curie），法国籍波兰科学家，研究放射性现象，发现镭和钋两种放射性元素，曾两度获诺贝尔奖——在两个不同学科领域。

我于 1876 年出生于波兰华沙，童年的我是不幸的，在不满 10 岁时妈妈和大姐就相继病逝了，这样的生活环境不仅培养了我独立生活的能力，也使我从小就磨炼出了非常坚强的性格。

我从小学习就非常勤奋刻苦，对学习有着强烈的兴趣和特殊的爱好，从不轻易放过任何学习的机会，处处表现出一种顽强的进取精神。我对父亲实验室中的各种仪器也十分感兴趣，长大后我又读了许多自然科学方面的书籍，这使我更充满幻想，急切地渴望到科学世界探索。但是当时的家境不允许我去读大学。19岁那年，我开始做长期的家庭教师，同时还自修了各门功课。这样，直到24

玛丽·居里

岁时，我终于来到巴黎大学理学院学习。带着强烈的求知欲望，我全神贯注地听每一堂课，艰苦的学习使我身体变得越来越不好，但是我的学习成绩却一直名列前茅，这不仅使同学们羡慕，也使教授们惊异，入学两年后，我充满信心地参加了物理学学士学位考试，在30名应试者中，我不负众望考了第一名。第二年，我又以第二名的优异成绩，考取了数学学士学位。

1894年初，我接受了法国国家实业促进委员会提出的关于各种钢铁的磁性科研项目。在完成这个科研项目的过程中，我结识了理化学校教师皮埃尔·居里，他是一位很有成就的青年科学家。后来我们结为夫妇。

皮埃尔·居里

在后来的研究中，我们发现铀及其化合物不断地放出射线，向外辐射能量。这引起了我们极大的兴趣。这些能量来自于什么地方？这种与众不同的射线的性质又是什么？我们决心揭开它的秘密。1897 年，我选定自己的研究课题——对放射性物质的研究。我辛勤地开垦了一片科研的处女地，并最终完成了近代科学史上最重要的发现之一——发现了放射性元素镭，奠定了现代放射化学的基础，为人类做出了伟大的贡献。

在实验研究中，我还设计了一种测量仪器，不仅能测出某种物质是否存在射线，而且能测量出射线的强弱。经过反复实验我发现：铀射线的强度与物质中的含铀量成一定比例，而与铀存在的状态以及外界条件无关。

我和我的先生对已知的化学元素和所有的化合物进行了全面的检查，获得了重要的发现：一种叫作钍的元素也能自动发出看不见的射线来,这说明元素能发出射线的现象绝不仅仅是铀的特性,而是有些元素的共同特性。我把这种现象称为放射性,把有这种性质的元素叫作放射性元素。它们放出的射线就叫"放射线"。我还根据实验结果预料:含有铀和钍的矿物一定有放射性;不含铀和钍的矿物一定没有放射性。仪器检查完全验证了我的预测。我排除了那些不含放射性元素的矿物,集中研究那些有放射性的矿物,并精确地测量元素的放射性强度。在实验中,我发现一种沥青铀矿的放射性强度比预计的强度大得多,这说明实验的矿物中含有一种人们未知的新放射性元素,且这种元素的含量一定很少,因为这种矿物早已被许多化学家精确地

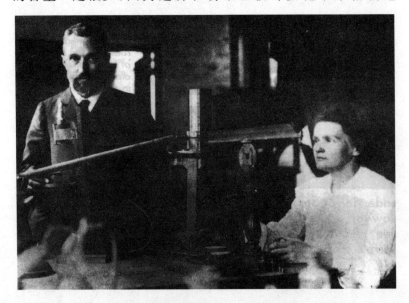

皮埃尔被居里夫人的研究所吸引

分析过了。我果断地在实验报告中宣布了自己的发现，并努力要通过实验证实它。在这关键的时刻，我的丈夫比埃尔·居里也意识到了我的发现的重要性，停下了自己关于结晶体的研究，来和我一道研究这种新元素。经过几个月的努力，我们从矿石中分离出了一种同铋混合在一起的物质，它的放射性强度远远超过铀，这就是后来被列在元素周期表上第 84 位的钋。几个月以后，我们又发现了另一种新元素，并把它取名为镭。但是，我们并没有立即获得成功的喜悦。当拿到了一点点新元素的化合物时，我们发现原来所做的估计太乐观了。事实上，矿石中镭的含量还不到百万分之一。只是由于这种混合物的放射性极强，所以含有微量镭盐的物质表现出比铀要强几百倍的放射性。

科学的道路从来就不平坦。钋和镭的发现，以及这些放射性新元素的特性，动摇了几世纪以来的一些基本理论和基本概念。科学家们历来都认为，各种元素的原子是物质存在的最小单元，原子是不可分割的、不可改变的。按照传统的观点是无法解释钋和镭这些放射性元素所发出的放射线的。因此，无论是物理学家，还是化学家，虽然对该项研究工作感到有兴趣，但是自己心中都存有疑问。尤其是化学家们的态度更为严谨。为了最终证实这一科学发现，也为了进一步研究镭的各种性质，我不得不从沥青矿石中分离出更多的、并且是纯净的镭盐。

一切未知的世界都是神秘的。在分离新元素的研究工作开始时,我们并不知道新元素的任何化学性质。寻找新元素的唯一线索是它有很强的放射性。我们据此创造了一种新的化学分析方法。但是我们没有钱,没有真正的实验室,只有一些自己购买或设计的简单的仪器。

居里夫妇对实验进行认真分析

1902年年底,我们终于提炼出了十分之一克极纯净的氯化镭,并准确地测定了它的原子量。从此镭的存在得到了证实。镭是一种极难得到的天然放射性物质,它的形体是有光泽的、像细盐一样的白色结晶。在光谱分析中,它与任何已知的元素的谱线都不相同(镭虽然不是人类第一个发现的放射性元素,但却是放射性最强的元素。利用它的强大放射性,能进一步查明放射线的许多新性质,以使许多元素得到进一步的实际应用。医学研究发现,镭射线对于各种不同的细胞和组织,作用大不相同,那些繁殖快的细胞,一经镭的照射很快都被破坏了。这个发现使镭成为治疗癌症的有力手段。在法国,镭疗术被称为居里疗法。镭的发现从根本上改变了物理学的基本原理,对于促进科学理论的发展和在实际中的应用,都有十分重要的意义)。

由于我们的惊人发现,1903 年 12 月,我获得了诺贝尔物理学奖。在镭提炼成功以后,有人劝我们向政府申请专利权,垄断镭的制造以此发大财。而我则不这么认为,"那是违背科学精神的,科学家的研究成果应该公开发表,别人要研制,不应受到任何限制""何况镭是对病人有好处的,我们不应当借此来谋利"。我还把得到的诺贝尔奖金赠送别人。

1914 年,巴黎建成了镭学研究院,我担任了学院的研究指导。以后我继续在大学里授课,并从事放射性元素的研究工作。我毫不吝啬地把科学知识传播给一切想要学习的人。

尽管取得了成功,但是我时刻也没有忘记自己的祖国。当我们夫妇从矿物中分离出新元素以后,我把新元素命名为钋。这是因为钋的词根与波兰国名的词根一样。以此表示对惨遭沙俄奴役的祖国的深切怀念。

玛丽·斯可罗多夫斯卡娅，被人们誉为"镭的母亲"。1867年11月7日，玛丽出生在俄国沙皇侵略者统治下的波兰首都华沙。父亲是华沙高等学校的物理学教授，使她从小就对科学实验发生了兴趣。

沙皇统治下的华沙

1891年，她到巴黎继续深造，获得了两个硕士学位。学业完成后，她本想返回祖国，为受奴役的波兰人民贡献自己的力量，但是，法国年轻物理学家皮埃尔·居里的出现，改变了她的一生。1895年，她与皮埃尔结婚，

1897年生了一个女儿——又一个未来的诺贝尔奖金获得者。

居里夫人无意中注意到法国物理学家贝克勒尔的研究工作。自从伦琴发现X射线之后，贝克勒尔在检查一种稀有矿物质"铀盐"时，又发现了一种"铀射线"，朋友们都叫它贝克勒尔射线。

居里夫人对贝克勒尔发现的射线很有兴趣，射线是从哪里来的？居里夫人看到当时欧洲所有的实验室还没有人对铀射线进

居里夫妇和他们的长女

行过深刻研究，于是决心向这个领域进军。

皮埃尔多次向理化学校校长请求，他才同意居里夫人使用一间潮湿的小屋做理化实验。在摄氏6度的室温里，她完全投入到铀盐的研究中去了。居里夫人受过严格的高等化学教育，她在研究铀盐矿石时想到，没有什么理由可以证明铀是唯一能放射射线的化学元素。她根据门捷列夫的元素周期律排列的元素，逐一进行测

定，结果很快发现另外一种钍元素的化合物，也能自动发出射线，与铀射线相似，强度也相像。居里夫人认识到，这种现象绝不只是铀的特性，必须给它起一个新名称。居里夫人提议叫它"放射性"，铀、钍等有这种特殊"放射"功能的物质，叫作"放射性元素"。

有一天，居里夫人忽然想到矿物里可能有放射性？在皮埃尔的帮助下，她连续几天测定能够收集到的所有矿物。她发现一种沥青铀矿的放射性强度比预计的强度大得多。经过仔细的研究，居里夫人不得不承认，用这些沥青铀矿中铀和钍的含量，绝不能解释她观察到的放射性的强度。这种反常的而且过强的放射性是哪里来的？只能有一种解释：这些沥青矿物中含有一种少量的比铀和钍的放射性作用强得多的新元素。居里夫人在以前所做的试验中，已经检查过当时所有已知的元素了。居里夫人断定，这是一种人类还不知道的新元素，她要找到它！

皮埃尔也注意到了居里夫人的发现，他们一起向未知元素进军。在潮湿的工作室里，经过居里夫妇的合力攻关，1898 年 7 月，他们宣布发现了这种新元素，它比纯铀放射性要强 400 倍。为了纪念居里夫人的祖国——波兰，新元素被命名为钋（波兰的意思）。

1898年12月，居里夫妇通过实验证实，他们又发现了第二种放射性元素，这种新元素的放射性比钋还强。他们把这种新元素命名为"镭"。可是，当时谁也不能确认他们的发现，因为按化学界的传统，一个科学家在宣布他发现新元素的时候，必须拿到实物，并精确地测定出它的原子量。而居里夫人的报告中却没有钋和镭的原子量，手头也没有镭的样品。

居里夫妇决定用实物来证明他们的理论。当时，藏有钋和镭的沥青铀矿，是一种很昂贵的矿物，主要产在波希米亚的圣约阿希母斯塔尔矿，人们炼制

居里夫妇的实验室

这种矿物,从中提取制造彩色玻璃用的铀盐。对于生活十分清贫的居里夫妇来说,哪有钱来支付这件工作所必需的费用呢?他们的智慧补足了财力,他们预料,提出铀之后,矿物里所含的新放射性元素一定还存在,那么一定能从提炼铀盐后的矿物残渣中找到它们。经过无数次的周折,奥地利政府决定馈赠一吨废矿渣给居里夫妇,并答应若他们将来还需要大量的矿渣,可以在最优惠的条件下供应。

居里夫妇是在非常艰苦的条件下进行实验的,夏天,因为顶棚是玻璃的,里面被太阳晒得像一个烤箱;冬天,又冷得人都快冻僵了。居里夫妇克服了人们想象的困难,为了提炼镭,他们辛勤地奋斗着。居里夫人立即投入提取实验,她每次把20多公斤的废矿渣放入冶炼锅熔化,连续几小时不停地用一根粗大的铁棍搅动沸腾的材料,而后从中提取仅含百万分之一的微量物质。

1898—1902年,居里夫妇经过几万次的提炼,处理了几十吨矿石残渣,终于得到0.1克的镭盐,测定出了它的原子量是225。镭宣告诞生了!居里夫妇终于用事实证实了镭的存在,这使全世界都开始关注放射性现象。镭的发现在科学界爆发了一次真正的革命。

居里夫人和她的女儿们

居里夫人以"放射性物质的研究"为题，完成了她的博士论文。1903 年，居里夫人取得巴黎大学的物理学博士学位。同年，居里夫妇和贝克勒尔共同荣获诺贝尔物理学奖。

继镭的发现之后，另一些新的放射性元素如锕等也相继被发现。探讨放射性现象的规律以及放射性的本质成为科学界的首要研究课题。

对女儿的教育也能显示出居里夫妇对科学追求的热衷。1939 年，居里夫人的大女儿伊雷娜荣获诺贝尔化学奖，小女儿艾芙日后成为杰出的音乐教育家和传记作家。当伊雷娜和艾芙还小时，居里夫人就鼓励他们不要

居里夫人和女儿伊雷娜·居里

怕黑，不要怕打雷，要勇敢面对贼与流行病。第一次世界大战时，居里夫人强迫她的女儿暑假到国内外旅行，并让她俩给战士织毛衣。她俩还加入收获队，代替男子冒着危险去抢收麦子，居里夫人从小培养她们勇敢而有主见的独立人格。每天功课一完，居里夫妇就带两个孩子到外面去。不论天气如何，伊雷娜和艾芙总要步行很长的路。自家的花园里还设置了一个横架，上面有吊杆、一条滑绳、一副吊环，让她们在家里进行体育锻炼。而居里夫人无论如何疲倦，她总要陪女儿骑自行车出游。在1911年暑假，居里夫人带女儿第一次旅行去波兰，姐妹俩学着骑马，居里夫人背着旅行袋在前面引路，她们在山里旅行了五天，晚上住在山民的小屋里。为了发掘孩子的天赋,当女儿刚上学时,居里夫人让她们每天进行一小时的智力工作。当姐妹俩入中学后,她就让女儿每天放学后再上一节"特殊教育课",即在索文本的实验室里,请人教姐妹俩化学、数学、文学、历史、雕塑、绘画及自然科学。在世界名人对其子女进行家教中,居里夫人可算是成功的典范。

放射化学界的元勋

过去属于死神，未来属于你自己。

——雪莱

名句箴言

伦琴

1845 年 3 月 27 日，德国著名的物理学家伦琴出生在鲁尔河流域吕内堡的一个商人家庭。3 岁时，全家迁往荷兰的阿佩尔多恩，他就在那里上小学和中学。伦琴学习成绩平平，喜欢运动，动手能力强，有点淘气。1865 年，伦琴进入瑞士苏黎学院，攻读机械工艺。1868 年毕业，获得机械工程师学位。1869年写出了第一篇物理学论文

《气体的研究》，获得了苏黎世工业学院理学博士学位。1875 年以后，他任霍恩海姆农学院物理学教授、斯特拉斯堡大学理论物理学副教授等职。1879 年任吉森大学物理学教授。1889 年任维尔茨堡大学物理学教授和物理研究所所长，1894 年任校长。1896 年成为柏林科学院和慕尼黑科学院的通讯院士。同年伦敦皇家学院授予他伦福德奖章。1900 年，美国哥伦比亚大学授予他巴纳德奖章。同年伦琴到慕尼黑大学就任物理学教授和物理研究所所长。伦琴对物理学的最主要贡献，是发现了 X 射线，又叫作伦琴射线。1895 年 11 月 8 日，伦琴正在做阴极射线实验。阴极射线是电子流构成的，而电子流是通过放在一个几乎是真空的玻璃管两端的电极加高电压产生的。阴极射线本身没有特殊的穿透性，而且几厘米厚的空气就能阻挡它。这次，他用很厚的黑纸把阴极管完全包起来，以便通电时，没有光泄露。然而，当伦琴给阴极通电时，他惊奇地看见，不远处凳子上的一块荧光屏在发光，好像是一束光造成的，他关掉试管，这块涂有氰亚铂酸钡的屏幕就停止发光了。由于阴极射线管是被紧紧包裹着的，伦琴认识到，当电流通过试管时，一种看不见的射线从管子里发射出来，他确信这个现象不是阴极射线造成的，因为它只能穿透几厘米厚的空气，他断定存在着一种新的射线。为了验证自己的想法，年过半百的伦琴依靠他特有的毅力，吃、住在实验室，一连做了七个星期的秘密实验。他试验过各种各样的材料,几千页的书,厚厚的玻璃板,二三厘米厚的木板,几厘米厚的硬橡胶……这种新射线都能穿透。有一次,当伦琴把手放到电管和荧光屏之间的时候,他惊呆了:在屏上看到自己的手完全变了样,好像是拼凑起来的几根黑乎乎的干树枝。当伦琴清醒地知道这干树枝就是他手指骨骼的时候,他激动得几乎要跳起来。他立即回家把自己的发现告诉了妻子。据说当时妻子正在生他的气,责怪他这么长时间不回家,说他有意编造"发现"骗她。于是伦琴把妻子带到实验室,请她帮忙做个实验。他让妻子

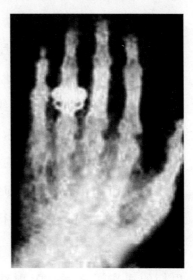

伦琴拍摄的手骨照片

把左手放到放电管前面,然后把用纸包好的照相底片放在她的手后面,过了十几分钟,把底片一冲洗,获得了一张手骨的照片——世界上第一张人类活体骨骼的照片。妻子不解地问:"这是怎么回事?"伦琴说:"这是一种穿透力很强的新射线作用的结果。""这种新射线叫什么名字?"伦琴摇了摇头回答说:"不知道,它是一个未知数,就叫它 X 射线吧。"

1895 年 12 月 28 日,伦琴以《一种新的射线——初步报

告》向维尔茨堡物理学医学协会作了报告,宣布他发现了 X 射线,并且阐述了这种射线的性质,直线传播、穿透力强、不随磁场偏转等。这一发现立即引起了强烈的反响:1896 年 1 月 4 日柏林物理学会成立五十周年纪念展览会上展出 X 射线照片。1 月 5 日维也纳《新闻报》抢先作了报道;1 月 6 日伦敦《每日纪事》向全世界发布消息,宣告发现 X 射线。这些宣传,轰动了当时国际学术界,论文《初步报告》在三个月之内就印刷了五次,立即被译成各种文字在各国发行。

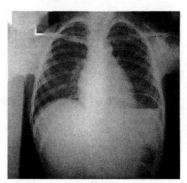

X 射线用于医学

一月中旬,伦琴应召到柏林皇宫,当着威廉皇帝和王公、大臣们的面作了演示。X 射线作为世纪之交的三大发现之一,在学术界引起了轩然大波,据统计,只是 1896 年,世界各国发表的相关论文就有 1000 多篇,有关的小册子达 50 多种。X 射线在医学和牙科诊断上效果是很显著的。它还可以进行放射治疗,X 射线可以摧毁恶性肿瘤或抑制它的发展。X 射线在工业上也得到了一些应用。比如,可以用来测量某些物质的厚度或者发现暗藏的裂痕。X 射线还被应用于其他的科学研究领域,尤其是它给科学家提供了有关原子及分子结构的大量知识。

放射化学界的元勋

伦琴因发现了 X 射线,荣获 1901 年诺贝尔物理学奖,是世界上第一个获得诺贝尔奖的物理学家。伦琴对科学的态度非常严谨,为人也很谦虚,据说他把诺贝尔奖金全部贡献给维尔兹堡大学。

1923 年 2 月 10 日,伦琴身患肠癌,不幸去世,终年 78 岁。人们为了永久纪念这位伟大的物理学家,在柏林市的波茨坦桥上竖立起伦琴的青铜塑像。国际学术界还作出决定,用"伦琴"来命名 X 或 γ 射线的照射量单位。

名句箴言

未来是光明而美丽的，爱它吧，向它突进，为它工作，迎接它，尽可能地使它变成为现实吧！

——车尔尼雪夫斯基

贝克勒尔

伦琴发现 X 射线，使物理学进入了一个新的研究领域，引起了科学界的极大震动。1896 年初，法国科学家彭加勒（Henri Poincare，1854—1912 年）收到伦琴寄给他的论文预印本和有关照片，将这些照片在 1896 年 1 月 20 日的法国科学院每周例会上进行了展览。法国科学院院士贝克勒尔也在其中，他对这个新发现产生了浓厚的兴趣。

他问彭加勒："射线是从阴极射线管的哪一个区域发出的？"彭加勒说："X射线看来是从管子正对着阴极的区域发出的，就是玻璃管发出荧光的区域。"贝克勒尔听后，似乎从中想到了什么，他想：X射线和荧光之间可能存在着某种联系，能够发出荧光的物质可能同时也可发出X射线。科学院例会之后，贝克勒尔立即动手进行实验来检验他的猜测，此后几周内进行的一系列实验导致了天然放射性的发现。

　　贝克勒尔对研究荧光现象非常熟悉，他的家族是一个物理学世家，而这个家族对磷光和荧光有特殊的兴趣，做过长期广泛的观察研究。亨利·贝克勒尔的祖父和父亲都是杰出的物理学家，法国科学院院士。他的祖父是法国最著名的高等学校——巴黎多科综艺学院的第一批毕业生，后来成为巴黎皇家自然博物馆的教授，以后当了馆长。祖父一生勤奋研究和著述，他写了529篇论文和6部教科书。他曾经研究过荧光和磷光现象，在他的书中有两本详细地论述了磷光。亨利的父亲跟随了亨利祖父的足迹，从多科综艺学院毕业，在博物馆成为父亲的助手，后来成为那里的教授，他主要研究光的化学作用，也是荧光方面的专家，他特别了解的物质是铀。他设计了一个荧光计，测量了在不同光的作用下荧光的强度和寿命。到伦琴发现X射线的时候，亨利自己已经继承了自然博物馆的教授职务，成为这个家族的第三代自然博物馆馆长,他同样对荧光和磷光现象进行了大量的研究,发表过多篇论文。后来,亨利又把这一职位传给了儿子。这四代贝克勒尔都是有成就的物理学家,在1828年到1908年的80年间总有一个,有时是两个贝克勒尔在法国科学院当院士。

正是因为贝克勒尔有这样的家庭,他在听完彭加勒的介绍后才能有那样敏锐的洞察力,立即提出了X射线与荧光的关系问题。彭加勒报告后的第二天,贝克勒尔就开始了实验,实验是这样设计的:把照

贝克勒尔

相底片用黑色的厚纸包严,使其不受阳光的作用,但可以受到X射线的作用,因为伦琴已经证明X射线可以穿过厚纸包层使照相底片感光。在照相底片包封附近放两块能发出荧光的材料,其中一块用一枚银币与纸封隔离,然后把他们拿到阳光下暴晒,使材料发出荧光。如果发荧光的物体可以产生X射线,那么底片上将留下明显不同的感光痕迹。

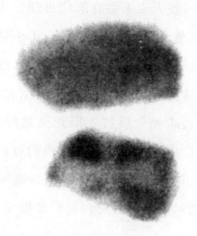

贝克勒尔的实验

贝克勒尔家中收藏有大量可以发出荧光和磷光的物质材料,他把它们分别拿出暴晒,进行实验。贝克勒尔最初的实验得到的结果是否定的,照相底片没有感光,发荧光和磷光的物质并不同时发射 X 射线。这时,彭加勒在《大众科学杂志》上发表了一篇文章,文中提出:"是不是所有荧光足够强的物体都会同时发射光线和伦琴的 X 射线,而不管引发荧光的原因是什么?"这个看法促使贝克勒尔再次投入实验,弄清荧光与 X 射线之间是否有必然的联系。

贝克勒尔又开始实验了,他选择了一块硫酸铀盐,这次他发现照相底片感光了。1896 年 2 月 24 日,他向法国科学院报告了这一发现,认为 X 射线与荧光有关。他在报告中说:"我用两张厚纸包住一张照相底片,包得如此之厚以致在太阳下暴晒一整天也不会有雾状出现。我在纸上放了一层磷光物质,把整个东西放在太阳下几小时。在我将底片显影时,我看见了磷光物质在底片上的黑色轮廓……我可以再试做这同样的实验,在磷光物质和纸之间放一块玻璃,这样可以排除当磷光物质被太阳光照热后可能会有蒸气,从而发生化学反应的可能性。因此我们可以从这些实验得出这样的结论:该磷光物质能发射出穿透不透光的纸的辐射……"贝克勒尔还用发射光和折射光反复进行实验,都得到同样的结果。

贝克勒尔似乎已经找到了他所猜测的 X 射线与磷光物质之间的关系,但是他继续做实验,并没有终止。2 月 26 日当他进一步做实验时,恰遇上一连几个阴天,他无法将实验材料暴晒,不能进行实验,就把铀盐和密封的底片一起放进了抽屉。3 月 1 日,太阳在天空中出现了,他准备继续这个实验。一向严谨细心的贝克勒尔取出底片,想预先检查一下,冲洗了其中的一张,他意外地发现底片已经曝光,上面又有很明显的铀盐的像。贝克勒尔来不及进行全面的研究,第二天,3 月 2 日又是科学院举行例会的时间,贝克勒尔作了新的报告。他说明他前一次的报告有误,即使不在阳光下曝晒,铀盐自身也能够发出一种神秘的射线。这才是贝克勒尔的真正科学新发现。贝克勒尔在报告中说:"因为太阳几天都没露面,所以我在 3 月 1 日才把照相底片显影,本指望看到非常微弱的影像。但恰恰相反,一个极度深的黑色轮廓出现了。我立刻想到这一反应可能在黑暗中也能进行。"贝克勒尔的发现当时被称为"贝克勒尔射线"。

贝克勒尔不断进行研究,发现铀盐所发出的射线不仅能使照相底片感光,还能像 X 射线一样穿透一切物质,能使气体电离,引起验电器放电。他还发现,温度的变化、放电等对放射现象都没有影响,各种铀的化合物都具有这一性质,纯铀所产生的辐射比他所用的硫酸铀盐的辐射强 3～4 倍。于是,在 1896 年 5 月 18 日,贝克勒尔宣布:发射穿透射线的能力,是铀的一种特殊性质,而与采用哪一种铀化合物无关,它完全不受外界条件的影响,它的强度似乎也不随时间衰减。

贝克勒尔的科学发现虽然带有偶然性。但与他长期科学研究的积累是密不可分的,因为贝克勒尔家族已经有 60 多年研究荧光和磷光物质的历史,而贝克勒尔又擅长对铀盐进行研究。如果说他遇到了机遇,那么对于发现来说,更主要的是他有能够抓住这一机遇的本领。

荧光物质

贝克勒尔射线的发现曲折而又带有偶然性,所以当时有人称它是"命中注定"的发现,可是贝克勒尔的发现当时没有引起科学界足够的注意,科学家们还在继续谈论着 X 射线,世界著名大学和研究机构的实验室都有阴极射线装置,他们很容易就可以得到 X 射线,事实上,X 射线早就在他们的实验室里产生了,只是伦琴第一个发现和显示了它的存在,科学家在重复伦琴的实验,研究新射线的性质和用途,而听任"贝克勒尔射线"的发现者独自进行他的研究,不予理会。

贝克勒尔沉迷于铀的研究,因为他认为发出辐射是铀的一种特殊性质,没有认识到这种性质的普遍性,在对铀作了全面的实验研究后,贝克勒尔对这种新的射线慢慢失去了兴趣。这从他的论文逐年减少可以看出来,他认为这个课题已经没有研究的必要了,发现者成为了落伍者。贝克勒尔并没有认识到他的发现的重要意义,严重影响了他的

贝克勒尔决心为科学而奋斗

研究工作的深入发展,他并不知道放射性的来源。实际上,天然放射性是原子核的性质,贝克勒尔的工作已经使人类的认识向微观领域又深入了一个层次,从对原子的认识进入到了对原子核的研究,这是人类认识史上划时代的伟大发现。贝克勒尔已经开拓了新的研究领域,但是没有能够将已经开创的事业引向深入,没有能追随这一领域的科学发展。贝克勒尔当时没有意识到自己的身体日益憔悴是由于长期从事放射性研究所导致的。他的医生朋友也查不出病因是什么,建议他去疗养。贝克勒尔同意去疗养,但条件是把他的实验室搬到疗养院去。实验室是他的朋友,他的战场,他通向科学圣地的阶梯,他一生追求和心血倾注的地方,他怎么会舍得离开呢?他还有许多的课题要在这里研究,许多的心愿要在这里实现呢!但是病情一天天恶化,他实在支持不下去了,终于同意去疗养。1908 年,在他获得诺贝尔奖五年后,被病魔夺去了生命。贝克勒尔为科学献出了他的生命,当时只有 56 岁。

千磨万击还坚劲，任尔东西南北风。

——《郑板桥集》

名句箴言

玛丽·居里

玛丽·居里是一个非常了不起的女科学家，是第一个荣获诺贝尔科学奖，而且是两次的科学家。居里夫人发现放射性元素镭之后，人们对她的称颂就从未间断过。她所建立的勋业和她所具有的品质深深地留在后人的印象中，成为科学家和广大青少年学习的楷模。

放射化学界的元勋

1867 年, 玛丽·斯可罗多夫斯卡娅生于波兰华沙的一个正直、爱国的教师家庭。她自小勤奋好学, 16 岁时中学毕业。当时俄国沙皇统治下的华沙不允许女子入大学, 加上家庭经济困难, 玛丽只好一个人来到华沙西北的乡村做家庭教师。在做家庭教师的三年里, 她除了教主人的几个孩子, 还挤出时间教当地农民子女读书, 并坚持了自学。她以俭朴生活所节省下来的钱帮助姐姐去巴黎求学。

电影《放射性物质》居里夫人剧照

1889 年, 玛丽回到了华沙, 仍然做家庭教师, 有一次, 她的一个朋友领她来到实业和农业博物馆的实验室, 在这里她发现了一个新天地, 实验室使她着了迷。以后只要有时间, 她就来实验室, 沉醉在各种物理和化学的实验中。她对实验的特殊爱好和基本的实验技巧, 就是在这里培养起来的。

玛丽非常向往的城市——巴黎

1891年,在父亲和姐姐的帮助下,她进入梦寐以求的巴黎大学理学院,下决心学到真本领,因而学习非常勤奋用功。每天她乘坐1个小时马车早早地来到教室,选一个离讲台最近的座位,以便清楚地听到教授所讲授的全部知识。为了节省时间和集中精力,也为了省下乘马车的费用,入学4个月后,她从她姐姐家搬出,迁入学校附近一住房的顶阁。这阁楼间没有火,没有灯,没有水,只在屋顶上开了一个小天窗,依靠它屋里才有一点光明。一个月仅有40卢布的她,对这种居住条件已很满足。她一心扑在学习上,虽然清贫艰苦的生活日益削弱她的体质,然而丰富的知识使她心灵日趋充实。1893年,她终于以第一名的成绩毕业于物理系。第二年又以第二名的成绩毕业于该校的数学系。

巴黎大学

　　玛丽聪明、好学,受到李普曼教授的器重。在荣获物理学硕士学位后,她来到了李普曼教授的实验室,开始了她的科研活动。就在这里,她结识了年轻的物理学家皮埃尔·居里。皮埃尔·居里1859年生于巴黎一个医生的家庭。小时候,因为他具有独特的富于想象的性格,他父亲没有把他送进学校,而是在家里自行施教。这种因材施教使皮埃尔16岁通过了中学的毕业考试,18岁通过了大学毕业考试并获得了理科硕士学位。19岁被聘任为巴黎大学理学院德山教授的助手。他和他那同是理学硕士的哥哥雅克一起研究,1880年发现了电解质晶体的压电效应。1883年年仅20岁的皮埃尔被任命为新成立的巴黎市理化学校的实验室主任。当他与玛丽相识时,他已是一位有作为的物理学家了。

他们兴趣相投,互相敬重,于1895年他们结为伉俪,组成一个志同道合、和睦相处的幸福家庭。繁忙的家务及1897年出生的女儿并没有阻碍这对热爱科学的夫妇,特别是作为母亲和主妇的玛丽,她一直坚持着学习和科研。

法国物理学家贝克勒尔的发现吸引了居里夫妇的注意,这是一个新的、开创性的研究领域。在一间原来用作贮藏室的闭塞潮湿的房子里,玛丽利用极其简单的装置,开始向这个新领域进军。仅仅几个星期,她便取得可喜的成果。她证明铀盐的这种惊人的放射强度与化合物中所含的铀量成正比,而不受化合物状况或外界环境(光线、温度)的影响。她还认为,这种不可知的放射性是一种元素的特征。难道只有铀元素才有这种特性?遵循这一思路,她决定检查所有已知的化学物质。通过繁重而又艰巨的普查,她发现了另一种元素钍的化合物也能自动地发出与铀射线相似的射线,由此她深信具有放射现象决不只是铀的特性,而是一种自然现象。对此她提议把这种现象叫作放射性,把铀、钍等具有这种特性的物质叫作放射性物质。她的调查很快从盐和氧化物扩展到一切矿物。她毫不厌倦地用同一方法去研究大量的材料,终于有了新的发现:有些矿物的放射性强度比其单纯由所含铀或钍所产生的放射性强度要大得多。开始她还不敢确信这一测定,但是经过一二十次重复测量,不得不承认这是事实。这事实表明这些矿物中含有放射性比铀、钍强得多的某种未知元素。这是一个十分重要而吸引人的推断。尽管一些同行劝她谨慎些,她还是深信自己的试验没有错,并下定决心把这一新元素找出来。

皮埃尔放弃自己的研究投入到妻子的行列

玛丽的研究也吸引了丈夫的注意,皮埃尔协助妻子共同寻找这一未知元素。皮埃尔的参加,对于玛丽来说无疑是莫大的鼓励和支持。从此,在那间潮湿的实验室里,有着两个头脑、四只手在忙碌。这种通力合作,持续了8年,直到一次意外事故夺去了皮埃尔的生命。

沥青铀矿石中的新元素含量只不过百万分之一。他们废寝忘食,夜以继日,接着化学分析的程序,分析矿石所含有的各种元素及其放射性,几经淘汰,逐渐得知那种制造反常的放射性的未知元素隐藏在矿石的两个化学部分里。经过不懈的努力,1898 年 7 月,他们从其中一个部分寻找到一种新元素,它的化学性质与铅相似,放射性比铀强 400 倍。皮埃尔请玛丽给这一新元素命名,她安静地想了一会儿,回答说:"我们可否叫它为钋"。玛丽以此纪念她念念不忘的祖国,那个在世界地图上已被俄、德、奥瓜分掉的国家——波兰,为了表示对祖国的热爱,玛丽在论文交给理科博士学院的同时,把论文原稿寄回祖国,所以她的论文差不多在巴黎和华沙同时发表。她的成就为祖国人民争得了骄傲和光荣。

钋元素被发现后,居里夫妇继续对放射性比纯铀强 900 倍的含钡部分进行分析。经过浓缩,分部结晶,终于在同年 12 月得到少量的不很纯净的白色粉末。这种自色粉末在黑暗中闪烁着白光,据此居里夫妇把它命名为镭。钋和镭的发现,震动了整个科学界,一些物理学家保持谨慎的态度,要等研究得到进一步成果,才愿表示意见。一些化学家则明确地表示,测不出原子量,就无法表示镭的存在。把镭指给我们看,我们才相信它的存在。要从铀矿中提炼出纯镭或钋,并把它们的原子量测出来,这对于当时既无完好和足够的实验设备,又无购买矿石资金和足够的实验费用的居里夫妇,显然比从铀矿中发现钋和镭还要难得多。为了克服这一困难,他们四处奔波,争取有关部门的帮助和支援。

在他们的努力下，奥地利惠赠1吨铀矿残渣。他们又在理化学校借到一个连搁死尸都不合适的破漏棚屋，开始了更为艰辛的工作。这个棚屋，夏天燥热得像一间烤炉，冬天却冻得可以结冰，不通风的环境还迫使他们把许多炼制操作放在院子里露天下进行。没有一个工人愿意在这种条件下工作，居里夫妇却在这一环境中奋斗了四年。四年中，不论寒冬还是酷暑，繁重的劳动，毒烟的熏烤，他们从不叫苦。对科学事业的执着追求使艰辛的工作变成了生活的真正乐趣，百折不挠的毅力使他们终于在1902年，即发现镭后的第45个月，从数吨沥青铀矿的炼渣中提炼出0.1克的纯净的氯化镭，并测得镭的原子量

为225。镭元素是存在的，那些持怀疑态度的科学家不得不在事实面前低下了头。这么一点点镭盐，这一简单的数字，凝聚了居里夫妇多少辛勤劳动的心血！夜间，当他们来到棚屋，不开灯而欣赏那闪烁着荧光的氯化镭时，他们完全沉醉在幸福而又神奇的幻境中。每当居里夫人回忆起这

居里夫妇

段生活，都认为这是"过着他们夫妇一生中最有意义的年

代"。

居里夫妇将自己的一生都无私地奉献给科学事业,然而法国有关部门对他们的工作并没有给予公平的待遇,对于他们的科研成果也漠不关心。瑞士政府首先对居里夫妇的科学研究给予肯定,1900 年,当时居里还只能为着每个月500 法郎而在缺乏设备的实验室工作时,瑞士的日内瓦大学愿以年薪 1 万法郎和教授的待遇聘请他开设物理学讲座。但是为了提炼出纯净的镭而从不考虑金钱和待遇的居里夫妇谢绝了。他们的第一枚奖章是英国赠予的,由于他们发现了放射性新元素钋和镭,开辟了放射化学这一新领域,1903 年英国皇家学会邀请他们夫妇到伦敦讲学,并授予皇家学会最高的荣誉——戴维奖章。1903 年年底,居里夫妇和贝克勒尔一起被授予诺贝尔物理学奖。

面对世界所给予居里夫妇的荣誉,法国政府再也不能沉默,1903年,巴黎大学才授予居里夫人以物理学博士学位。1904 年巴黎大学理学院才为皮埃尔开设了讲座。1905 年皮埃尔才被推举为法兰西科学院的院士,只讲奉献不求索取的居里夫妇并不计较这些在他们看来是没有价值的问题。伴随着荣誉而来的是繁忙的社交活动和频频的记者采访。他们的工作和生活,以及他们的女儿都成为新闻,成为时髦酒馆的谈话资料。对此他们感到烦恼和不安,他们需要的是安静,是继续工作,而不是骚扰。为此他们不得不像逃难者一样,化了装,躲到偏僻的乡村去。当一个美国记者机警地找到他们后,玛丽很坦率地告诉他:"在科学上,我们应该注意事,不应该注意人。"一些要在美国创立制镭业的技师要居里夫妇申请这项发明的专利时,他们夫妇商议后作出决定:"不想由于我们的发现而取得物质上的利益,因此我们不去领取专利执照,并且将毫无保留地发表我们的研究成果,包括制取镭的技术。若有人对镭感兴趣而向我们请求指导,我们将详细地给以介绍,这样做,对于制镭业的发展将有很大好处,它可以在法国和其他国家自由地发展,并以其产品供给需要镭的学者和医生应用。"如此声明可见居里夫妇所具有的无私

研成果看作全人类的共同财

1899—1904年,他们在开拓放射学这个新的科学领域的贡献集中反映在居里夫妇发表的32篇学术论文,当他们正以倍增的热情继续前进时,一件不幸的事情发生了。1906年4月19日,皮埃尔在参加了一次科学家聚会后,步行回家横穿马

工作中的居里夫人

路时,被奔驰的载货马车撞倒,当场失去了的生命。对于居里夫人,这一打击太沉重了,一度几乎使她成为一个毫无生气、孤独可怜的妇人。但是对科学事业的热爱,居里生前的嘱咐:"无论发生什么事,即使一个人成了没有灵魂的身体,他都应该照常工作。"激励着她。她勇敢地接替了居里生前的教职,成为法国巴黎大学的第一个女教授。当她作为物理学教授作第一次讲演时,听课的人们挤满了那个梯形教室,塞满了理学院的走廊,甚至因挤不进理学院而站到索尔本的广场上。这些听众除学生外,还有许多与玛丽素不相识的社会活动家、记者、艺术家及家庭妇女。他们赶来听课,更重要的是为了向这位伟大的女性表示敬意。

皮埃尔去世以后,居里夫人的负担更重了,但她要继承居里的事业,把放射学这门课教得更好,要建设起一个对得起居里的实验室,使更多的青年科学家在这里成长,共同发展科学。为此她接过了居里的所有担子,继续贡献出她全部的才智和心血。1908 年,皮埃尔·居里的遗作由玛丽整理修订后出版。1910 年,玛丽自己的学术专著《放射性专论》问世。经过深入而细致的研究,玛丽在助手们的帮助下,制备和分析金属镭获得成功,再一次精确地测定了镭元素的原子量。她还精确地测定了氧的半衰期,由此确定了镭、铀镭系以及铀镭系中许多元素的放射性半衰期,研究了锕的放射化学性质。在这些研究基础上,玛丽又按照门捷列夫周期律整理了这些放射性元素的蜕变转化关系。1910年9月，在比利时布鲁塞尔举行的国际放射学会议上，为了寻求一个国际通用的放射性强度单位和镭的标准，组织了包括玛丽在内的10人委员会。委员会建议以1克纯镭的放射强度作为放射性强度单位，并以居里来命名。1912年该委员会又在巴黎开会，选择了玛丽·居里亲手制备的镭管作为镭的国际标准，直到现在它还放置在巴黎的国际衡度局内，作为世界上镭的第一个标样。由于玛丽·居里在分离金属镭和研究它的性质上所做的杰出贡献，1911年她又荣获了诺贝尔化学奖。长期的劳累，特别是放射性物质对她身体的损害，使她身体日渐虚弱。科学的事业心支撑着她，使她藐视了疾病对她的侵扰，当她对病情有所观察后，她却是更狂热地投身于工作。只要是身体还可以动，她就要到实验室去，当她感到实在体力不支时，就坚持在家里写书，抓紧生命的最后一刻做出最后的

居里夫人的墓碑

奉献。

　　1934 年 7 月 4 日，居里夫人被可怕的放射性造成的恶性贫血夺去了宝贵的生命。她虽然离开了人世，但是她为人类所做的贡献以及她的崇高品行将永远铭记在人们的心里。

你们所多的是生力，
遇见森林，可以辟成平地，
遇见旷野，可以栽种树木，
遇见沙漠，可以开掘井泉。

——《鲁迅全集》

名句箴言

莫斯莱

1887 年 11 月 23 日，莫斯莱出生在英国赛特郡一个极为美丽幽静的小镇——维茅泽城，这里出过许多名人。莫斯莱就出生在一个科学世家，他的祖父是著名的数学家和物理学家，父亲是动物学家，他们都是知名教授，也是令人尊敬的英国皇家学会会员。由于他那知识丰富的祖父早已去世，父亲患中风病，半身瘫痪，很早也去世了，他的母亲和两个姐姐就担当了莫斯莱的启蒙老师。莫斯莱的母亲和两个姐姐给莫斯莱以很好的学前教育,在他幼小的心灵中,播下了科学的种子。

莫斯莱

小时候,莫斯莱聪明过人,有非常敏锐的观察力,热爱大自然,喜欢动物,尤其喜欢鸟类。他极为耐心地观察他家附近的小鸟,对他们的种类、生活习性、居住地等都知道得很清楚。他父亲的朋友兰开斯特是一位很有名的动物学家,对莫斯莱观察鸟类的才能非常惊奇,称他为"小博物学家",曾鼓动他长大以后研究动物学,但莫斯莱后来却成了一名化学家。

13岁时,莫斯莱以优异成绩考入著名的伊顿中学,中学时,他学习成绩优异,曾经多次获得奖学金,毕业后,考入了牛津大学三一学院,并获得了米拉德奖学金。

牛津大学三一学院

1909年,莫斯莱暑假到曼彻斯特拜访了著名物理大师卢瑟福。卢瑟福热情接待了他,在谈话中,卢瑟福发现,莫斯莱基础知识丰厚,思维清晰,很有培养前途,因此邀他毕业后去曼彻斯特卢瑟福实验室工作。1910年,莫斯莱毕业于牛津大学,获硕士学位,应卢瑟福之约,到曼彻斯特大学卢瑟福实验室工作,很快他就成了大学的讲师。在卢瑟福实验室中,莫斯莱除完成讲师的工作以外,把精力都投入到科研工作中。他的工作极为出色,成就非常突出。后来,他的同事回忆时说:"他的成功是罕见的智力,良好的数学训练,杰出的实验技巧与惊人的毅力相结合。他有一种特殊的持久工作的能力,他喜欢从白天一直工作到黑夜,尤其是问题处在关键阶段时,他总是连续工作 15 个小时,通宵达旦奋战在实验室。"

曼彻斯特大学

莫斯莱为人谦虚、待人有礼貌,非常喜欢帮助别人排忧解难,实验室的同事们,都十分钦佩他。在卢瑟福的指导下,莫斯莱开始研究元素放射性的问题,他首先研究了当时所知道的放射性元素放出射线的情况,并把研究结果在英国皇家学会的会报上发表。接着,他又研究了在高真空、高电压的情况下,放射性物质的性质。同时测定了锕的一种蜕变产物的寿命,他经过精心设计和深入研究,测定出其半衰期为 1/5000 秒,在当时的实验条件下,完成如此高精度的测定,实属罕见,因此受到学术界的一致称赞。

莫斯莱最杰出的工作是发现了以他的名字命名的定律,即莫斯莱定律。

1913 年 12 月,莫斯莱来到牛津大学,开始研究各种元素所产生的特征。莫斯莱通过研究发现,以不同的元素作为产生调射线的靶子,则各种不同元素产生的特征调射线的波长是不同的。莫斯莱把各种元素产生的特征调射线按着波长的大小加以系统

卢瑟福

排列,他惊奇地发现,这种排列和元素在周期表中的顺序是完全一致的,他把这个排列顺序称之为原子序数,此后,他又经过数量分析,提出了各种元素的原子序数与其所产生的调射线波长之间的经验公式:

$$L = a(Z - b)^2$$

以上公式说明,X 射线的波长,取其倒数的平方根与原子序数 Z 呈直线函数关系,式中的 a、b 都是常数。这个公式,就是莫斯莱定律的数学形式。若将莫斯莱定律和卢瑟

福的粒子散射实验相结合,人们很容易得出结论:原子序数在数量上正好等于元素的核电荷数,这一发现是建立原子模型的基础。1914年4月,莫斯莱把他的研究结果撰成论文,发表在《哲学杂志》上,论文指出:"各种元素调射线谱中谱线的波长倒数或频率,近似地正比于$a(Z-b)^2$,其中a、b是常数。Z就是原子序数。"

根据莫斯莱的工作,化学家们对化学元素周期律作出了科学的解释,并引申出以下几点:

1. 元素的性质不像人们以前理解的,只是原子量的周期函数,而是原子序数,即核电荷数的周期函数。这就解释了为什么在化学元素周期表中有钾和氩、钴和镍、碲和碘等多处原子量大的反而排在原子量小的元素前边的"倒置"现象。

2. 原子的核电荷数,既然和原子序数相等,整个原子又呈中性,所以原子核外必然有与原子序数数目相等的电子在运动。

3. 同一元素的各原子(同位素),它对应的原子量可能不同,但核电荷数一定相等。

此后,化学元素周期律就建立在科学的基础之上了。同时,这一发现还为预言新元素,填补周期表空白,提供了理论依据、莫斯莱的工作受到高度赞扬,卢瑟福指出:"莫斯莱由于一系列的完美研究赢得了荣誉,他在短短的4年研究中,取得了惊人的成就,认识他的所有人,都预言他有一个辉煌的科学前程。毫无疑问,元素的性质决定于原子序数的结论,是一个伟大的发现,在理论与实验方面都具有深远的意义,这一理论在提高人类对原子结构的认识方面,将成为伟大的里程碑。"

1914年8月,第一次世界大战爆发。莫斯莱轻信了当时英国统治者的号召人民"保卫祖国""维护文明"等堂而皇之的词语,应征入了伍,当上了皇家工程兵的一名中尉。卢瑟福出于惜才之心,特意写信向英国要人,要求把莫斯莱从前线调回来,让他从事科学工作,但没有成功。1915年8月10日,在土耳其加利波利半岛登陆战役中,土耳其军队进攻到莫斯莱所在部队侧翼的200米处。当时莫斯莱正用电话向军队传达命令,一颗土耳其人的罪恶子弹,击中了他的头部,这位年轻科学家顿时身亡,年仅27周岁。莫斯莱死后的全部科学仪器和私人财产,按着他预先的安排,都献给了英国皇家学会。一颗聪明智慧的头脑,被战争无情地毁灭了,一颗刚刚升起的明亮的化学之星过早地陨落了、科学家们发明的枪弹和火药杀死了这位伟大的科学家。莫斯莱的早逝,给科学界带来极大的悲哀、特别是他的导师卢瑟福,在心灵深处长期有一种巨大的失落感。

名句箴言

我觉得坦途在前，人又何必因为一点小障碍而不走路呢？

——鲁迅

卢瑟福

卢瑟福，1871 年 8 月30日生于新西兰，获得新西兰大学学士和硕士学位，1895 年，获剑桥大学第一批研究生奖学金，同年入卡文迪许实验室，成为汤姆生的研究生，1919 年，应邀到剑桥接替退休的汤姆生，担任卡文迪许实验室主任，1925 年当选为英国皇家学会主席。卢瑟福对于放射性的研究，开拓了原子核物理学和原子物理学的新领域。1909 年,卢瑟福从 α 粒子的散射实验得出原子的有核模型。卢瑟福是原子时代伟大的科学家。

19 世纪三大发现的出现使整个科学界震惊了:1895 年,德国物理学家伦琴发现了 X 射线,同一年,法国物理学家贝克勒尔发现了天然放射性;1897 年,英国物理学家汤姆生发现了电子。这些伟大发现激励了卢瑟福,使他决心对原子结构进行深入研究。

卢瑟福对科学的重要贡献主要有三方面。第一方面是关于放射性的研究。继 1898 年贝克勒尔发现放射性现象后不久,卢瑟福发现了铀放射性辐射的不同成分 α 辐射和 β 辐射。1900 年提出了重元素自发衰变理论。1904 年总结出放射性产物链式衰变理论,奠定了重元素放射系元素移位的基本原理。他的发现打破了元素不会改变的传统观念,使人们对物质结构的研究进入了原子内部的深层次,为开辟一个新的学科领域及原子核物理做了开创性工作。由于他"在元素蜕变及其放射化学方面的研究"而荣获 1900 年度诺贝尔化学奖。第二方面是 1911 年提出了原子的有核结构模型。1908 年卢瑟福

卢瑟福

用实验证明了 C 粒子就是氦离子。此后,他通过 C 粒子被物质散射的研究,从理论和实验上无可辩驳地论证了原子的有核结构模型,从而把原子结构的研究引向正确的轨道。因此,他被誉为"原子物理学之父"。以上两条详见"放射性的发现及放射现象的研究""对原子结构的认识过程"条目。1919 年人工核反应的实现是卢瑟福的第三项重大发现。这一发现过程可以作为卢瑟福科学方法与作风的典型例证之一。1915 年,他的学生马斯登(Marsden,1889—1970 年)发现用 C 粒子轰击空气时出现一些粒子,它们具有不寻常的长射程。卢瑟福决心利用业余时间长期而耐心地搞清楚这些粒子到底是 N、He、还是 H 原子、Li 原子?他设计了一个实验装置,并精心研究了整整三年后于 1919 年证明:这是 α 粒子轰击 N 之后使之衰变放出了氢原子核。这一装置的成本极为低廉,但用显微镜观察屏上闪烁的工作极为艰苦!这一实验的成功引起了一场激烈争论,最后以云室照片证明了卢瑟福的正确而告终。这标志着人类第一次实现了改变化学元素的人工核反应。古代炼金术士转化元素的梦想终于变成了现实!

卢瑟福于 1899 年用强磁场作用于镭发出的射线,他发现,射线可以被分成三个组成部分。他把偏转幅度小的带正电的部分叫 α 射线,把偏转幅度大的带负电的部分叫 β 射线,第三部分在磁场中不偏转,且穿透力很强,他称之为 r 射线。1903 年,卢瑟福证实射线是与元素氦质量相同的正离子流(氦核),射线则是带负电的电子流。卢瑟福把射线也称为粒子,他进一步用实验证明,射线打击到涂有硫化锌的荧光屏上,就会发出闪光。因此,他利用这一现象制成了可以观测粒子的闪烁镜。卢瑟福进一步对放射线的穿透力进行研究,他发现,大部分粒子都可以穿透薄的金属箔,这些粒子在金属箔中"如入无人之境",可以大摇大摆地通过。这一现象说明,固体中原子间并不是密不可分的,排列并不紧密,内部有许多空隙,所以粒子可以穿过金属箔而不改变方向。实验发现,也有少数粒子穿过金属箔时,好像被什么东西挤了一下,因而行动轨迹发生了一定角度的偏转。还有个别的粒子,好像正面打在坚硬的东西上,完全反弹回来根据以上粒子穿过金属箔的实验现象(这个实验被称为粒子散射实验),卢瑟福设想,原子内部一定有一个带正电的坚硬的核,粒子碰到核上就会被反弹回来,碰偏了就会改变方向,发生一定角度的偏转,而原子的核占据的空间很小,所以大部分粒子还是能穿过去。他根据这一假定计算出原子核半径约为 3×10^{-12} 厘米,而原子的半径为 1.6×10^{-8} 厘米。

　　1911 年,卢瑟福将太阳系和原子结构进行类比,提出了原子模型。他认为,原子像一个小太阳系,每个原子都有一个极小的核,核的直径在 10^{-12} 厘米左右,这个核几乎集中了原子的全部质量,并带有正电荷,原子核外有几个电子绕核旋转,所以一般情况下,原子显中性。卢瑟福发现了原子核以后,进一步用各种金属做粒子散射实验,发现不同的金属对粒子的散射能力不同,散射能力越强,证明核带的正电荷越多,因而斥力也就越大。1913 年,卢瑟福的学生和助手莫斯莱,在卢瑟福指导下,证明各种不同元素原子核所带的电荷数,正好等于它们的原子序数。卢瑟福的原子模型,成功地解释了许多物理化学现象,但后来的研究发现,它有很大的局限性。他的学生、丹麦物理学家尼尔森·玻尔,综合了普朗克的量子论、爱因斯坦的光子论,

玻尔

在卢瑟福原子模型的基础上,提出了原子的玻尔模型,这个模型比卢瑟福模型有很大改进,但它是经典力学与量子论相结合的产物,故随着科学的发展,出现了很多不符合实际

的情况，所以后来被量子力学模型所取代。

卢瑟福在核化学方面做出过杰出的贡献。他用粒子散射研究原子核时，发现对于氢元素来说，往往出现反常现象。他当时认为，可能是因为氢核的核电荷少斥力小，高速粒子有可能克服斥力，打到氢核里面去，因而出现反常。后来他就按着这个想法深入进行研究。卢瑟福首先选用最强的放射源，当时叫镭C，实际上是 ^{204}Po，对氢元素进行轰击。1919年，他在用粒子轰击氮时，发现产生出一种新的、射程很长、质量更小的粒子，经研究证明，这种粒子是氢的原子核。卢瑟福把他发现的这种粒子命名为"质子"。在这一实验中，他不仅发现了质子，还实现了人类历史上第一个核反应：

$$^{14}N + {}^4He \longrightarrow {}^{17}O + {}^1H$$

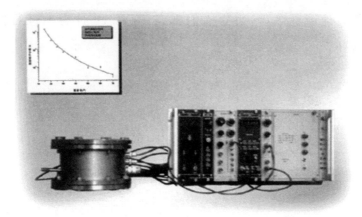

卢瑟福散射原理

接着他又发现,硼、氟、钠、铝、磷等元素都能发生核反应,在核反应时,一种元素可以变成另一种元素。1920年,卢瑟福又提出了中子假说,他认为原子核中,质子可能与电子紧密地结合,形成一种不带电的粒子,即中子。他推测,因为中子周围不形成电场,所以当它通过气体时,应不产生离子。它不受电场作用力的影响,所以,穿透力会很强,只有当它与原子核发生正面碰撞时,才会转折。而被碰撞的核,因为得到一定的动能,可能以一定的速度射出。

1932年,查德威克证实了卢瑟福关于中子的预言,他用粒子轰击铍元素而得到中子:

$$^9Be + {}^4He \longrightarrow {}^{12}C + {}^1n$$

卢瑟福为人正直,热衷科学,不畏权贵,他还是一个伟大的教育家,为人类培养了许多一流的专家,如玻尔、莫斯莱等。他逝世以后,每年人们都在10月19日为他进行悼念活动。

名句箴言

什么是路？就是从没路的地方践踏出来的，从只有荆棘的地方开辟出来的。

——《鲁迅全集》

索迪

在19世纪、20世纪之交发生的物理革命因此而培养出一批富有活力的新学科，促成了一系列新技术和新的实验手段的出现，揭开了现代自然科学的序幕，在这场伟大的科技革命中，一些化学家也建立了永载史册的业绩，居里夫人、索迪就是其中的代表。索迪于1910年提出了同位素假说，1913年发现了放射性元素的位移规律，为放射化学、核物理学这两门新学科的建立奠定了重要基础。因此荣获了 1921 年的诺贝尔化学奖。

元素蜕变假说的提出

　　索迪(Frederick Soddy)，英国放射化学家。1877 年 9 月 2 日生于英国伦敦一个商人家庭。曾就读于威尔士大学和牛津大学。1900—1902 年，曾在蒙特利尔的麦吉尔大学和伦敦大学工作，在此期间分别得到了物理学家卢瑟福教授和化学家拉姆塞教授的指导。索迪主要从事放射性物质和同位素方面的研究。1911 年他首先使用了"同位素"(isotope)的名词。1912 年与卢瑟福合作，创立了放射性核素的衰变理论。并且认为：某些元素可以以不同的原子质量的形式存在，而这些元素用化学方法是不能

索迪

辨别和分离的，这些元素被称之为"同位素"。1920 年，他在《科学与生命》一书中指出了同位素在确定地质年代方面的

价值。1921 年，索迪因研究放射性物质所做出的贡献和阐明同位素理论而获得了诺贝尔化学奖。索迪 1919—1936 年任牛津大学教授，也曾任格拉斯哥大学和阿伯丁大学教授。1956 年 9 月 22 日，索迪在英国英格兰病逝，享年 79 岁。

1899 年英国化学家克鲁克斯在分离铀矿物过程中，发现一部分铀具有放射性，另一部分铀却无放射性。其他一些科学家也发现了这一现象。同时还发现，钍、镭等放射性元素不仅能产生具有放射性的物质，而且还能使与它有接触的物质也产生放射性。这种放射性还会随着时间流逝而减弱，最后会消失。这些奇异的、当时无法解释的现象引起了当时正在加拿大蒙特利尔大学任实验物理学教授的卢瑟福的极大兴趣。他决定开展这一课题的研究，然而他觉得开展这项研究，必须为自己配备一个精通化学的实验助手。正当卢瑟福为自己寻找助手时，恰逢索迪到蒙特利尔大学访问。索迪一眼就被卢瑟福相中。就这样索迪刚出校门不久，就很幸运地成为卢瑟福的助手。事实已证明他们的合作是非常成功的。

他们从钍着手进行研究，他们将硝酸钍溶液用氨处理，沉淀出氢氧化钍，过滤后检查干燥的沉淀，其放射性显著降低，而将滤液蒸干除去硝酸铵后的残渣，却有极强的放射性、但过了一个月后，残渣的放射性消失，而钍却又恢复了原有的放射性。他们证实钍的放射性的确变化无常。他们还发现，如果把钍放在密闭的器皿中，其放射性强度较稳定，如果放在一个敞开的器皿中，其放射性强度就会变化不定，尤其容易受表面掠过的空气的影响。他们推测这可能是由于有某种物质放射出来，不久他们便证明这种被放射出来的物质是一种气体，他们称它为钍射气。他们对有放射性的镭、锕进行实验研究，也发现存在同钍一样的现象。他们把镭放射出来的气体称为镭射气，锕放射出来的气体叫锕射气。根据这些实验结果，1902年卢瑟福、索迪提出元素蜕变假说：放射性是由于原子本身分裂或蜕变为另一种元素的原子而引起的。这与一般的化学反应不同，它不是原子间或分子间的变化，而是原子本身的自发变化，放射出射线，变成新的放射性元素。同时他们将这些实验结果和上述假说整理写成论文——"放射性的变化"。他们关于元素蜕变的假说一提出来，立即引起物理学界、化学界的强烈反对，因为认为一种元素的原子可以变成另一种元素的原子的观点，打破了长期以来认为元素的原子不能变的传统观念。周围的同事们也纷纷告诫他们，千万要小心，以免愚弄自己。开始时卢瑟福也有点犹豫，但是尊重实验事实的朴素唯物主义思想和科学家的责任感，促使卢瑟福和索迪勇敢地决定，一定要使论文发表。

他们的论文受到当时著名杂志《哲学杂志》的主编开耳

芬勋爵的拒绝。开耳芬勋爵是英国科学界的泰斗,19 世纪最杰出的物理学家之一。在学术问题上开耳芬有一种观点,他认为实验仅是验证理论的一种方法。另外,晚年以思想保守而著称的开耳芬实际上是反对元素蜕变理论。卢瑟福和索迪在提出元素蜕变假说时,根据放射性元素在自发地发射射线的同时,还不断地放出能量这一事实,提出了"原子能"的概念。卢瑟福还用这理论说明太阳能和地热的来源,平息了物理学家和地质学家对此的长期争论。开耳芬则是物理学家的代表,主张这种能源来自引力收缩。开耳芬显然不愿意发表卢瑟福和索迪的论文。在这种情况下,卢瑟福只好赶回剑桥,求助于他的导师汤姆生。通过实验测定了电子的荷质比,从而证实了电子的存在的汤姆生,对新的科学发现和理论遭受白眼是很有感触的,因此他毫不迟疑地支持卢瑟福。汤姆生亲自找到开耳芬,向开耳芬保证这篇文章由他负责,开耳芬才不得不同意刊登卢瑟福和索迪的论文。

提出同位素假说

元素蜕变假说的提出无疑引起很多的关注。起初,连居里夫妇也表示不能轻易相信。门捷列夫则不但自己表示怀疑,还号召其他科学家也不要相信。至于开耳芬,尽管同意发表了这篇论文,他还是在 1906 年和 1907 年英国科学促进协会的两次年会上一再发起挑战,认为镭产生新元素并不能证明原子的蜕变,而可能镭本身就含有该元素的化合物。卢瑟福、索迪、居里夫人都对开耳芬进行了反驳,而最有力的反驳莫过于实验事实。在提出元素蜕变假说后,卢瑟福、索迪开始了对放射性元素的进一步深入研究。

卢瑟福在 1899 年发现铀和铀的化合物能发出两种射线,一种极易被吸收,他命名为 α 射线;另一种有较强的穿透本领,他称之为 β 射线。为了探索 α、β 射线的本质,卢瑟福和索迪利用空气液化机在低温条件下浓缩射气,证明射气是一种气体,这气体与拉姆塞曾发现的惰性气体很相像。继续研究时,他们又发现镭衰变时放射出氦离子,于是他们推测射线就是氦离子流。为了验证这一推测,1903 年 3 月索迪离开了卢瑟福实验室,回到伦敦,和已发现和研究惰性气体而闻名于世的拉姆塞合作,研究放射性镭所放射的气体。不久他们的实验就确认了卢瑟福

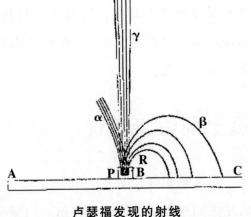

卢瑟福发现的射线

和索迪的上述推测,α 射线就是带正电荷的氦离子流。卢瑟福则证明该射线就是电子流。他们的共同努力,终于揭示了放射线的本质。

许多年轻的科学家被他们的研究吸引了。在 1903 年以后的几年,人们不断地用各种方法从铀、钍、锕等放射性元素中分离出一种又一种"新"的放射性元素。到 1907 年,被分离出来并加以研究过的放射性元素已近 30 种,多到周期表中没有可容纳它们的空位。这就产生了矛盾,怀疑周期表对放射性元素是否适用,另外人们对这些新发现的放射性元素进行对比研究后,发现有些放射性不同的元素化学性质则完全一样。例如钍与由它蜕变生成的放射钍,尽管放射性显著不同,可是将它们混合后,却难以用化学方法使它们分离,化学性质则完全一样。这类事实积累得愈来愈多。索迪根据这类事实,于 1910 年提出了著名的同位素假说:存在不同原子量和放射性,但其他物理、化学性质完全一样的化学元素变种,这些变种应该处在周期表的同一位置上,因而命名为同位素。接着索迪根据原子蜕变时放出射线相当于分裂出一个氦的正离子,放出射线相当于放出一个电子,从而提出了放射性元素蜕变的位移规则。放射性元素在进行蜕变后,在周期表上向前(即向左)移两位,即原子序数减 2,原子量减 4。发生蜕变后,向后移一位,即原子序数增 1,原子量不变。德国化学家法扬斯和英国化学家罗素也独立地发现了这一位移规则。

依据同位素假说,卢瑟福和索迪把天然放射性元素归纳为三个放射系列:铀－镭系、钍系、锕系。这不仅解决了数目众多的放射性"新"元素在周期表中的位置问题,而且也说明了它们之间的变化关系。根据位移规则推论,三个放射系列的最终产物都是铅,但各系列产生的铅的原子量却不一样。为了验证同位素假说和位移规则的准确性,1914 年美国化学家里查兹完成了此项工作。1919 年,英国化学家阿斯顿研制成质谱仪,使人们对同位素有了更清晰的认识。

第一次世界大战期间,索迪在格拉斯哥大学任阿伯丁讲座教授。这期间,除了担负一部分战时工作外,他对放射性元素的位移规则进行了深入的研究。1919 年,索迪应聘担任牛津大学的化学教授,在这个岗位上,他勤恳地耕耘了17 年。在继续从事放射性化学研究的同时,他几乎把大部分精力都投入了改进化学教学和实现实验室的改造。他的晚年似乎在化学研究中没有再做出突出的成就,据后人分析,也可能是因为他只注重个人努力,只身从事实验和研究,显然不适合现代科学研究的要求,由于现代科学研究的深度和广度,大量的研究工作从分散的单纯个人活动转化为社会化的集体活动。在前期的研究中,有像卢瑟福、拉姆塞这样的名家与他合作;在后期研究中,他却没有一个研究群体,在他周围也没有聚集起一些优秀的人才。另外一个原因是,在第一次世界大战中,与索迪工作有往来的另一个青年化学家莫斯莱,投笔从戎,战死在战场。一个已显露出超人才华的科学家仅 27 岁就过早地去世了,给索迪和整个英国科学界带来极大的悲痛和愤慨。对此索迪深感科学的进步与社会很不协调,为什么科学的进步不能阻止战争,反而加剧了战争给人们造成的危害?从此索迪关心起科学与社会的关系等问题,提出科学促进文明的口号,积极参加各种有关的社会活动,成为一个知名的社会活动家。

他的研究领域使他特别关心放射性及其能量的和平利用,他提出应当控制放射性即原子能这个大能源库,使它成为人们的又一个太阳。他十分重视科学的社会功能,强调科学家要真正担负起自己的社会职责。1956 年 9 月 22 日,索迪在英国的伯莱顿去世了,享年 79 岁。由于他对现代化学和物理学发展的卓越贡献,他的名字将永远和同位素联系在一起。

伦琴于 1896 年发现了 X 射线。贝克勒尔同年也对 X 光管的玻璃发生荧光现象进行研究,当他用硫酸铀酰钾晶体作荧光粉时,发现用黑纸包裹的感光板受不发光也不放电的铀盐作用而感光,其中以金属铀的感光作用最强。贝克勒尔称之为铀光,从而发现了放射性现象。

1898 年,居里夫妇在研究放射现象的过程中,创制了测量放射性的专门仪器。通过测量各种物质的放射性,他们发现有些铀矿物及钍矿物的放射性比纯铀或纯钍强,认为在这些矿物中含有量很少、但放射性很强的物质。他们应用化学分析分离原理结合放射性测量的新工作方法,相继发现钋和镭,开创了一门新的学科——放射化学。

卢瑟福和索迪于 1908 年确定了每种物质的放射性按指数关系而衰变的规律。1910 年索迪、法扬斯同时发现放射性元素位移规律,提出同位素的概念。1912 年赫维西等用 20 种化学方法试图从铅中分离镭 D(即铅210),未获成功,继而提出以镭 D 指示铅,成功地研究了铅在多种化学反应中的行为,从而创立了放射性示踪原子法,应用放射化学开始得到发展。

1934 年,小居里夫妇用钋的 α 粒子轰击铝,并利用化学原理及方法获得放射性磷 30,发明了人工放射性。这是人类第一次利用外加影响引起原子核的变化而产生放射性,成为 20 世纪最重要的发明之一。同年,齐拉特等发现原子核在俘获中子生成放射性新核素时,由于反冲效应导致一系列化学变化,后来发展为热原子化学。1938 年,哈恩等在研究铀受中子辐照后的产物时,用化学方法发现和证明了铀核裂变现象。为人类开发利用核能开辟了道路,这是放射化学对核科学技术发展

核武器

的巨大贡献。1940 年麦克米伦等发现超铀元素镎,西博格等发现钚,1944 年提出锕系元素理论。1942 年费米等建成第一座核反应堆,第一次实现受控链式裂变核反应,标志着人类进入利用核能的新时代,核科学技术从此得到迅速发展。

核电站

　　随着核武器、核电站、核舰艇以及其他核动力装置

核潜艇

的研制成功，使核燃料的生产和回收、裂变产物的分离等放射化学工作得到巨大发展，促进了放射性核素性质的深入研究及其在工农业、科学研究及医药卫生等领域中的广泛应用，丰富了放射化学的内容，使它发展成为一门具有独特研究目的和方法的学科。

放射化学界的元勋

中国于1924年开始对放射性展开研究,居里夫人的中国学生郑大章,从巴黎镭研究所居里实验室为祖国第一次带回了放射化学,在当时的国立北平研究院建立了中国的镭学研究所。郑大章等人研究镤及铀系放射化学,初步取得了一些成果。1937年由于日本军国主义侵占华北,北平研究院被迫南迁,颠沛流离,放射化学的

我国第一颗原子弹试爆成功

研究工作遂告中断。1949年中华人民共和国成立,中国的放射化学取得了突出成就。从20世纪50年代中期开始,随着核能事业的发展,放射化学作为一门基础学科得到了相应的发展。几十年来,特别是围绕核燃料的生产和回收、放射性核素的制备和应用、锕系元素化学、核化学、放射性废物的处理及其综合利用、放射分析化学以及辐射化学等领域都取得了丰硕成果。1964年10月原子弹和1967年6月氢弹的试爆成功,反映了中国核科学技术达到了较高的水平。

卡麦隆在 1910 年提出放射化学。他指出放射化学的任务是研究放射性元素及其衰变产物的化学性质和属性，这一定义反映了放射化学发展初期的研究对象和内容。人工放射性和原子核裂变的发现、反应堆和高能加速器的建

我国第一颗氢弹试爆成功

立等，对放射化学的发展有深远的影响，使放射化学的内容不断充实和发展。近代放射化学主要研究天然放射性元素和人工放射性元素的化学性质和核性质，其提取及制备、纯化的化学过程和工艺，重点是核燃料铀、钚、钍，超铀元素及裂变元素；研究原子核的性质、结构、核反应和核衰变的规律，以及这些研究成果的应用；研究放射性物质的分离、分析以及核技术在分析化学中的应用；研究放射性核素及其标记化合物和辐射源的制备，及其在工业、农业、科学研究、医学等领域中的应用。重点是用反应堆和加速器生产各种高比活度或无载体的放射性核素和辐射源。

放射性研究的发展

名句箴言

只有经过长时间完成其发展的艰苦工作，并长期埋头沉浸于其中的任务，方可望有所成就。

——黑格尔

原子为何物

在19世纪，物理学突飞猛进，取得一系列辉煌的成就，但仍有一些悬而未解的东西，其中原子为何物就在探讨之列。

1894 年，牛津大学名誉校长、英国前首相索尔兹伯里在一次讲演中说："每种元素的原子是什么？是不是一种运动？或一件东西？或是一个漩涡？或是一个具有惰性的点？它的可分性是否有限度……所有这些问题都像过去那样一直深深地笼罩在黑暗之中。"尽管当时许多科学家一直在原子物理学领域辛勤耕耘,但还是没有人能对此问题作出一个确切的解释。那么原子是什么样的? 1903 年,汤姆生(1856—1940年)想象而提出"面包夹葡萄干"式的原子结构的模式。他认为正电荷散布在整个原子中,就像葡萄干散布在整个面包中一样。卢瑟福(1871—1937 年)不同意汤姆生的说法,因为这种模式在许多实验中解释不通。

原子的真实面目究竟是怎样的呢?当他看到天上的星星时,从中受到了启发,这些星星表面上也像葡萄干一样散布着,其实它们的位置是有严格的运行

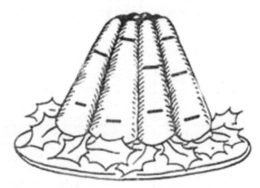

汤姆生原子结构模型

规律的。九大行星围绕着太阳旋转,太阳就是它们的核心。α粒子倒弹,一定是碰到了位于原子中心的相当结实的物质——恐怕是原子的核心,才被反弹回来的,四周的电子一定围绕着原子核而旋转着。这样,卢瑟福的想象终于揭开了原子结构的神秘面纱,得到科学界的承认。

首先揭示光谱线之间定量规则的人是巴尔默,在朋友

的提议下,他将氢光谱中四条可见光波长的数字加以分析,得到巴尔默公式,里德保和里兹也分别提出他们的公式,这些对玻尔的研究都提供了宝贵的资料。

如何解释线光谱、元素周期表、放射性、原子内部有带负电的电子之间的关系,物理学家们众说纷纭,提出了各种各样的原子模型,有土星模型、中性模型、磁原子模型、实心带电球体模型、量子化原子模型、有核原子模型。其中仅实心带电球体模型及有核原子模型比较有价值。

克鲁克斯

当今世界,一般人都知道,世界上的各种物质都是由分子组成的,原子又构成了分子。凡是存在于地球、月亮、太阳,以及其他星球上的东西,无一不是由原子所构成。千千万万难以计数的原子形成了宇宙万物。原子非常小。据科学家估计,在一个大头针的顶部能摆放一亿多个原子。若将1亿个世界上最大的原子排成一条直线,也仅有4毫米长。原子太微小了,用肉眼和显微镜是不可能看到的。使科学家能够窥视原子内部的第一件工具，是由威廉·克鲁克斯爵士研制的克鲁克斯管。克鲁克斯管有许多形式，通常都是玻璃做的，一块板是阳极，另一块板是阴极。若把管内的空气抽得越来越

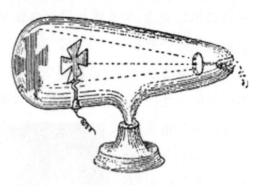

克鲁克斯管

稀薄，允电时管内就充满了种种不同颜色的光辉。由于这种光像是来自阴极，所以把它叫作阴极射线。如果将克鲁克斯管适当改造，把管的一端做成平面，并涂上磷来加强荧光，就做成了今天的电视显像管。

没有哪一个人会否定痛苦与忧愁的锻炼价值。

——赫胥黎

名句箴言

捕捉电子的人

英国著名物理学家汤姆生是剑桥大学卡文迪许实验室主任，也是电子的发现者，更是科学史上的一名巨匠。为了破译阴极射线的秘密，他进行了一系列的实验。

汤姆生在做第一个实验的时候，将克鲁克斯管内的阳极上包了一层化学制品，这种制品一旦受到阴极射线的撞击就会发荧光。接着，他在阴极射线的路径上放了一个金属十字架。结果,他在阳极上看到了十字架的阴影。从这个实验中,汤姆生得出结论:阴极射线是直线传播的。第二步,汤姆生在阴极射线的路径上放了一个精巧而又能转动的一种像排气扇的小"风车",发现阴极射线能够使"风车"转动。通过这一实

汤姆生

验,汤姆生了解到阴极射线是由物质的粒子构成的,而不仅仅是一束光线。第三个实验,汤姆生在克鲁克斯管周围加上一个磁场,把磁铁的北极和南极放在管子的两边。他观察到磁场使阴极射线或在阴极作用下运动粒子的轨道弯曲了。这表明,粒子是带负电荷的。第四个实验,汤姆生把荷电板放在阴极射线的两边,测定使之弯曲所需的荷电量,由此他可以算出粒子的重量。汤姆生发现,阴极粒子的重量约为已知量轻的元素氢原子的 1/2000。最后,汤姆生用不同的阴极把微量的不同气体放在各个管子内。他发现在每一种情况下,粒子所发生的变化都是一样的。因此他猜想,

这些粒子是一切物质所共有的,而且始终是一样的。

通过一系列实验,汤姆生了解到许多有关阴极射线方面的知识。他知道它们走的是直线,它们是物质的粒子,它们带负电荷,重量非常轻,而且在一切元素里都可以发现它们。汤姆生在深入研究的事实基础上,于 1897 年 4 月 30 日对阴极射线做了一个说明。他在给皇家学会的报告中写道:"阴极射线是带负电荷的粒子。"由于这些粒子来自原子里面,因此他得出结论:"原子不是不可分割的,带负电的粒子能够在电力作用下从原子里分裂出来。这些粒子不管是从哪种原子里分裂出来的,质量全都相同,而且带同样的负电荷,它们是一切原子的构成部分。"原子是物质的最小单位,原子里面再没有别的东西,它是不能分割的,100 多年来人们都一直相信这个事实。现在,汤姆生发现了能够在每一种原子里都能找到的粒子。他把这些粒子叫作电子,意思是带电的粒子。电子很轻,汤姆生后来测出电子仅占原子总重量的 1/1400 左右。

汤姆生根据实验结论假设了一个原子模型——葡萄干面包模型。他认为原子是一个带正电的球(面包),在这个球里面散布着很小的带负电的电子(葡萄干),这些电子排成一层一层的环。1906 年,汤姆生因测出电子的电荷与质量而获诺贝尔物理学奖。

名句箴言

一切真正美好的东西都是从斗争和牺牲中获得的，而美好的将来也要以同样的方法来获取。

——车尔尼雪夫斯基

剖析原子的内部结构

在1906 年，卢瑟福对原子内部结构开始进行剖析。卢瑟福认为，要了解原子内部结构，最好是把它砸开。他们选择 α 粒子的核作为砸开原子的子弹。平常叫 α 粒子的微粒实际上就是氦的原子核，它包括两个质子和两个中子。由于没有电子来跟质子的正电荷平衡，所以 α 粒子带有正电荷。但在当时，人们并没有原子的概念，更谈不上质子和中子。射击 α 粒子的枪是极少量的镭。镭是放射性元素，它连续不断地放射出阿尔法粒子。镭放在一个沉重的铅容器里面，仅开一个小口，让 α 粒子射出。1909—1911 年，英国物理学家卢瑟福和他的合作者们做了用 α 粒子轰击金箔的实验，实验做法如下：在一个小铅盒里放有少量的放射性元素钋，它发出的 α 粒子从铅盒的小孔射出，形成很细的一束射线射到金箔上。这东西虽然很薄，但是原子非常小，金箔还是比原子厚 2000 倍以上。α 粒子穿过金箔后，打到荧光屏上产生一个个的闪光，这些闪光可以用显微镜观察到。整个装置放在一个抽成真空的容器里，荧光屏和显微镜能够围绕金箔在一个圆周上转动。

假如用一颗小石弹（α 粒子）击向一张巨大的弹子台上紧紧地堆在一起的弹子（金原子），你也许会认为石弹一定会穿不过。可是，这却不是卢瑟福和盖革在这个试验里所得到的答案。他们照样看到了荧光屏上的闪光，α 粒子能够穿过去！其中绝大部分是笔直穿过去的。但是，有极少数的粒子偏移过大。根据汤姆生模型计算的结果，α 粒子穿过金箔后偏离原来方向的角度是很小的。因为电子的质量很小，不到 α 粒子的 1/7000，α 粒子碰到它，运动方向不会发生明显的改变；正电荷又是均匀分布的，α 粒子穿过原子时，它受到的原子内部两侧正电荷的斥力相当大一部分互相抵消，使 α 粒子偏转的力不会很大。实验结果让人难以料想。

绝大多数 α 粒子穿过金箔后仍沿原来的方向前进,少数粒子却发生了较大的偏转,并且有极少数粒子偏转角超过了90°,有的甚至被弹回,偏转角几乎达到 180°。这种现象叫作 α 粒子的散射。实验中产生的 α 粒子大角度散射现象,使卢瑟福感到惊奇。因为这需要有很强的相互作用力,除非原子的大部分质量和电荷集中到一个很小的核上,大角度的散射是不可能的。

卢瑟福进行实验

卢瑟福经过反复研究实验,1911 年公布了他的原子模型构想:原子里有一个很重的中心,叫作核。离核很远,绕着核飞快旋转的是电子,每一个电子都在一种确定的轨道上运行着。电子的运行有各种不同的速度。最外层的电子每秒大约走 1000 公里,靠近核的每秒走约 15 万公里——

光速的一半。卢瑟福拿原子的结构跟太阳系比。他说,原子核是原子的中心,正像太阳是太阳系的中心一样。电子隔着很远的距离沿轨道绕着中心旋转,正像行星隔着很远的距离沿着轨道绕着太阳旋转一样。假如原子的大部分是一个空壳,这就能够说明 α 粒子穿透金箔的原因。如果原子内部有一个虽然很小、可是却带正电荷的核的话,这就会使一些带正电的 α 粒子偏离轨道,甚至弹回去。

名句箴言

历史的道路不是涅瓦大街上的人行道，它完全是在田野中前进的，有时穿过尘埃，有时穿过泥泞，有时横渡沼泽，有时行经丛林。

——车尔尼雪夫斯基

初探原子核的秘密

尽管卢瑟福对原子的内部结构有了一些认识，但是还有许多问题没有找到答案。原子核的物质组成，电子的负电荷是靠什么来平衡的，卢瑟福又做了另一个试验来解答这些问题。

这次的实验基本上与第一次的实验相同，只是这一次α粒子的目标改变了，是一些氮气，而不是金箔，卢瑟福希望这次α粒子能撞开原子核。他使用的一个很重要的装置是威尔逊(1927 年诺贝尔物理学奖获得者)研制的云室。云室是一个充满水蒸气的壶底的活塞突然被拉低时,就会使里面的空气膨胀,温度降低。在这一瞬间,如果一些带电荷的粒子通过云室,水蒸气就会凝结在它们的路径上。拍下的照片会显示出粒子路径上水滴的痕迹。

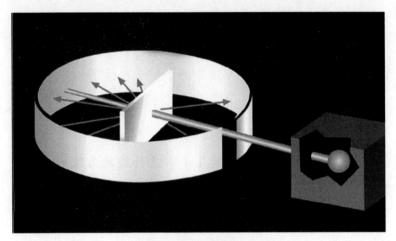

原子内部结构模拟图

这次实验和卢瑟福料想的结果一样,绝大多数 α 粒子笔直通过氮原子的壳,只有极少数粒子撞上核,崩开了。这又进一步证明了原子除了中央有一个小核外,大部分是空的。卢瑟福还注意到,当他以 α 粒子撞击氮气时,产生了一个带正电荷的氢原子。我们现在都知道,氢原子通常在核里面仅有一个质子,而没有中子,外面有一个绕核旋转的电子。如果把电子移走了,氢原子就只剩下一个带正电的质子。但是在当时,就是像卢瑟福这样世界顶尖的科学家也不知道这一点。这个实验给卢瑟福一个很大的启示：每一种元素的原子都有一个或更多的这种带正电荷的氢原子。卢瑟福把这种带正电荷的氢原子叫作质子。

通过上述一系列的研究，卢瑟福提出了一个更完整的原子模型：原子的中央是由很重的带正电的质子构成的核。远离这个核的是很轻的带负电的电子。电子绕着核转，像行星绕着太阳转一样。原子核与原子相比实在太小了，将10000多个原子核排成一条直线，也仅有原子的半径那么长。如果将原子放大10000亿倍，原子就会像一间大厅那么大，而其中的原子核直径也仅有1毫米，跟一个芝麻差不多大小。而电子却在离它们几十米之外的地方绕着它高速旋转。表面上看起来非常密实的物质，如铁、钻石，实际上大部分都是空无一物的空间。原子重量几乎都集中在原子核上，而原子核的体积却仅有1立方厘米左右。因此，粒子在物质中飞行和宇宙飞船在太空中航行差不多。毫无疑问，卢瑟福的原子模型比汤姆生的葡萄干面包原子模型前进了一大步，但是仍然不够完善。一个重要的理论缺陷是围绕在原子核周围的电子之间的作用力是斥力，根据数学计算，当两个或更多的电子彼此距离相等、在轨道上绕核旋转时，它们将进入振荡（不稳定）状态，原子会因此而破碎。可是实验证明原子并未破碎，卢瑟福的原子模型是正确的，这又如何解释呢？这个问题就留给了丹麦年轻的物理学家玻尔。

　　玻尔 1885 年 10 月 7 日生于哥本哈根,1903 年入哥本

哈根大学数学
和自然科学系,
主修物理学。
1907 年以有关
水的表面张力
的论文获得丹
麦皇家科学文
学院的金质奖
章,并先后于
1909 年和 1911
年分别以关于
金属电子论的
论文获得哥本

玻尔

哈根大学的科学硕士和哲学博士学位。随后去英国学习。
年轻的玻尔来到英国,起初在汤姆生领导的卡文迪许实验
室工作。那时汤姆生已是物理学界的大人物。汤姆生第一
次接见他时,他向汤姆生坦率地介绍了自己对放射性、磁学
等一些领域的想法。他还向汤姆生提出了其电子理论中的
错误。但不知是由于太忙,还是由于生气,汤姆生对玻尔的
想法并不关心。

玻尔对探究原子结构很有兴趣,他认为卢瑟福的模型还存在两方面的问题,一个是原子如何保持稳定,另一个是如何求出原子的半径。按照已有的理论,围绕在原子核周围的电子应处于不稳定状态;但事实并非如此。玻尔想解开这个谜。后来,玻尔来到曼彻斯特拜会卢瑟福。虽然卢瑟福对理论物理学家怀有偏见,但对玻尔却非常喜欢,两人一见如故。不久玻尔就成了卢瑟福众多学生中最有才华、最得意的一个。玻尔在晚年时回忆说,卢瑟福耐心倾听每一个年轻人的想法,只要他认为这个年轻人有想法,不管这个想法在他心中多么朴素。卢瑟福对在其身边工作的每一个年轻人都非常关心,并能够给予热心的指导,这也令玻尔难以忘怀。这种态度与汤姆生的态度形成了鲜明的对比。正是由于卢瑟福具有这种品德,才使他在一生中培养出 11 位诺贝尔奖获得者,这是一个迄今仍未打破的纪录。

玻尔在曼彻斯特听了"放射性研究实验方法介绍",接着开始学放射化学。他突发灵感,在几周之内就想到放射性物质来源于原子核,而化学性质主要取决于电子的数目和分布。他有一种奇特的感觉:原子核的总正电量决定电子数,而电子又决定化学性质。因此,元素在元素周期表上的位置正好是核的电荷数(后来称之为"原子序数"):氢排在第一位,核电荷数是 1,氦的核电荷数是 2。依此类推,直到第 92 位的铀。接着他又发现了放射性位移的规律:当一种元素通过放射性衰变进行嬗变时,如放出一个 α 粒子(一个氦核,原子序数为 2),在周期表中便前移两位;如放出一个 β 射线(一个具有能量的电子),它使核增加一个额外的正电荷,则向后移一位。玻尔立即将这些想法告诉卢瑟福,但卢瑟福对此持慎重态度。尽管如此,卢瑟福仍然很欣赏玻尔富有见地的研究成果。

1920 年,玻尔创立的哥本哈根大学理论物理研究所,在创立量子力学的过程中,成为世界原子物理研究中心。这个研究所聚集了很多世界著名的科学家,这里有着勇猛进取、乐观向上、亲切活泼、无拘无束的治学风气,各种看法通过辩论得到开拓和澄清。玻尔担任这个研究所的所长达 40 年,起了很好的组织作用和引导作用。

玻尔对复合原子核的理论进行了发展研究,而且从复合原子核和原子核的液滴图像出发,结合统计物理的方法,建立起原子核裂变的理论。这一工作是开创性的,对后来原子能的应用起到了十分重要的作用。1943 年,纳粹占领了丹麦,玻尔过上了逃离的生活,经过瑞典去英国和美国,而且马上参加了制造原子弹的工作。在原子弹尚未试验之前,玻尔就看到原子武器可能给人类文明带来的灾难。他指出,如果原子能掌握在世界上爱好和平的国家手中,这种能量就会保障世界的持久和平;如果它被滥用,就会导致文明的毁灭。

战后，玻尔回到丹麦，他为恢复丹麦的科学研究做出了重要贡献，呼吁全世界和平利用原子能，为促进各国科学之间的国际合作不断做出努力。他是目前欧洲最大规模的国际合作组织欧洲原子核研究中心的发起人之一。

从经典力学理论的角度来看，加速运动着的带电体必然不断地发射电磁波，而原子中的电子也应该是这样。其结果是通过电磁辐射，原子的能量将不断减少，原子中的电子也将逐渐坠落到原子核上去，而且这一过程将在极短的时间（按照有关计算

普朗克

为 10—12 秒）内完成。显然这与事实不符。玻尔现在有了一个思路来回答如何使理论上不稳定的电子稳定在围绕卢瑟福的核旋转的轨道上。卢瑟福对此非常重视，让他回到自己屋里去把它搞清楚。富于创造的玻尔想到引入普朗克的量子理论来修正卢瑟福的原子模型。

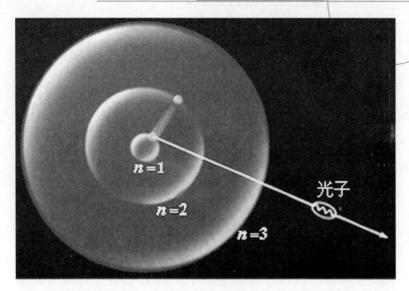

n=1

n=2

n=3

光子

玻尔理论的假设

　　玻尔一开始设想,原子既然是稳定的,就会存在一些轨道,使电子可以稳定在上面而不辐射光,不会螺旋形下降而毁掉。按照经典力学理论,受与距离平方成反比的力吸引至固定中心的一质点的轨道犹如行星一样,是中心固定位于一个焦点的椭圆,为简便起见,我们将只考虑固定中心在轨道中心的圆形轨道这种特殊情况。对于这样的一个体系,任意半径都是可能的,只要质点在轨道上的速度大小使离心力刚好与中心的吸引力相平衡。玻尔打出了这种模型的轨道数目,并发现它们与各种实验数值非常吻合。但是如何解决原子的非连续光谱呢?他的一位学生时代的朋友建议：他利用已有的光谱研究成果来研究原子模型问题，特别是看看巴耳末公式。于是他研究了线光谱的规律性，特别是分析了有关的公式与数据，顿开茅塞，找出了轨道电子与光谱之间的关系。他提出：一个由核所吸收的电子通常占据一个稳定的基本轨道，称作"基态"。给原子增加能量，例如加热，电子的反应是跳到一个离核较远的能量更大的轨道上。增加更多的能量，电子继续跳到更高的轨道。停止增加能量，电子就跳回它的基态。每次跳跃时，每个电子发射出一个有固定能量的光子。这种固定能量是由普朗克常数所限定的。即从高能态 W_1 到低能态 W_2 将放出光能 hv，用公式表示即：$W_1 - W_2 = hv$，式中 h 为普朗克常数，v 为频率。

玻尔用量子理论精彩地解释了卢瑟福原子模型中存在的问题。玻尔由于在研究原子结构和原子辐射方面的贡献而获得 1922 年诺贝尔物理学奖。

玻尔理论虽然解释了卢瑟福的原子模型存在的问题，但是还存在着

薛定谔

一些局限性,因为它还没有完全摆脱经典力学的影响,而是量子概念和经典理论的混合物,所以不可能用它来全面正确地描述微观世界里的电子运动,对比氢原子复杂的其他原子的光谱就不能得出合乎实际的结果。这以后的 10 年中,原子物理学的大部分工作可以说是围绕着发展和改进"卢瑟福—玻尔模型"进行的,但都没能从根本上解决问题。直到 1923 年,经过德布罗意、薛定谔、海森堡、泡利、布拉克等一批杰出科学家的努力,逐步建立并发展了量子力学,人们对完全不同于宏观世界的微观粒子的运动规律才有了更清楚的认识。现在人们知道,在原子世界中,带正电荷的原子核占绝对的统治地位,带负电的电子疯狂地绕着原子核旋转,从不越出原子世界统治者的势力范围。电子没有明确的玻尔运行轨道,而是躲在一片"电子云"中,几乎到处都可能出现。电子云比较稠密的区域表明电子经常在这里出现,电子云比较稀薄的地方意味着电子较少在此处光顾。我们很难识别电子云中电子的"庐山真面目",但是物理学家能够运用量子力学了解它们的一举一动。

19 世纪末科学史上的三大发现雄辩地证明,科学是相互联系的,一种发现能导致另一种发现。当时物理学最前沿的问题是阴极射线。汤姆生在研究阴极射线时发现了电子,伦琴则发现了 X 光。贝克勒尔在研究 X 光产生的原因时,意外发现了放射性。居里夫妇在研究放射性的过程时,发现了两种新元素——镭和钋。卢瑟福在研究放射性的过程中,发现了元素的嬗变,得到了有关原子结构的知识,并提出了原子模型。而玻尔在完善卢瑟福原子模型的过程中,开创了量子力学的新纪元。

名句箴言

我们世界上最美好的东西，都是由劳动、由人的聪明的手创造出来的。

——高尔基

透视原子王国

玻尔的理论获得了极大的成功，但也有需要完善的地方。特别是他硬性"规定"电子只能在一些轨道上运动，不能在其他轨道上运动，显得毫无道理。电子为什么不能在其他地方运动？连他的导师卢瑟福也这样问他。然而他对此也解释不清。20 世纪 20 年代，世界物理学界人才辈出，其中德布罗意和薛定谔就是他们的代表。

德布罗意 1892 年生于法国,是贵族的后裔。他善于从历史的观点出发研究自然科学问题,其最杰出的贡献就是在思考光学史的时候提出了物质波的思想。从这一思想出发,德布罗意提出了一个崭新的现点:电子不仅是一个粒子,也是一种波,它还有"波长"。他的这一观点后来为美国物理学家所证实,他们在一次

德布罗意

实验事故中意外地发现了电子产生的衍射,而衍射是典型的波动特性。德布罗意由于在物质的波动性方面做出了杰出的贡献而获得了 1929 年诺贝尔物理学。

薛定谔 1887 年生于维也纳,学习成绩优异,23 岁时获得哲学博士学位,对自然科学也有浓厚的兴趣。薛定谔从德布罗意的思想中得到启发:既然电子既是粒子,又是波,那么原子世界必定服从一个既能描述粒子运动,又能描述波的运动的方程式,它深刻地反映出原子世界的运动规律,

后来人们把它称为"薛定谔方程"。

薛定谔方程能够解释玻尔理论中的那些存在的缺陷。首先,电子的运动轨迹得到了合理的解释。电子并不是只能呆在某些轨道上,而别的地方不能去。在薛定谔方程中,电子能呆在原子世界内的任何地方,只是它们出现在玻尔所说的轨道上的可能性要大得多。这样一来,电子不像绕太阳运转的行星,而是像环绕在高山顶尖四周的一片云彩了。"电子云"较稠密的地方就是电子较容易出现的地方;反之,"电子云"很稀薄的地方就是电子很少光顾的地方。薛定谔方程是世界原子物理学文献中应用最广泛、影响最大的公式。当时最伟大的物理学家普朗克和爱因斯坦对他非常钦佩,由于他对量子力学的杰出贡献,获得 1993 年诺贝尔

薛定谔方程

物理奖。经过几代科学家近半个世纪的努力，原子的秘密终于被破译了。在这个神秘的微观世界里，占统治地位的是带正电的原子核。它占了原子质量的 99% 以上，而体积还不到原子体积的万分之一。如要把原子放大到 24 层高的大厦那么大，原子核只有一粒黄豆那么一点，可见原子里是多么空旷。带负电的电子就在这个黑洞洞的空间里围绕着原子核疯狂地旋转，这就是大自然的"精心安排"。

名句箴言

所有坚韧不拔的努力迟早会取得回报的。

——《安格尔论艺术》

小居里夫妇错失良机

德国人博特和他的学生贝克发现中子。博特是世界一流的物理学家、量子论的开山鼻祖——普朗克为数不多的传人。他学识渊博,对待科学的态度非常严谨,获得物理学界的一致好评。

1928 年,博特和贝克用钋—α粒子轰击铍靶,想进一步证实卢瑟福所观察到的蜕变,弄清它们是否伴有高能 γ 射线的发射。

他们使用电测计数法,发现了一种有穿透性的辐射。这种辐射的强度为其他元素正常辐射的 10 倍,他们把它解释为 γ 射线。然后他们又观察了锂和硼的情况,发现所观察到的 γ 射线具有能量比入射的 α 粒子的能量还要大。这与能量守恒定律是相违背的。博特解释说,这个能量必定来自核蜕变。但是 α 粒子在作用时并不分解这些元素。当用 α 粒子轰击铍时,发现它虽然放射出非常强大的辐射,但却不放射出质子。

查德威克得知这一试验结果后,对铍的能量来源有些疑问。一般说来,辐射的能量来自原子核,可是在这个实验中,并未放射出质子,难道放射出了中子? 查德威克认为这种可能性很大。于是他带领学生做同样的试验。

小居里夫妇即居里夫人的女儿、女婿 1931 年开始用超强的钋辐射源来研究博特的穿透辐射。1932 年 1 月 28 日,他们报告一项始料

查德威克

未及的重大观察结果:这种辐射能使石蜡层放出质子。他

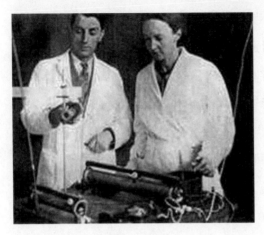

们用一个与静电计相连的电离室发现了这一事实,结果十分奇妙,他们立即想到用云室来确认。2月 22 日,他们发表了第二次观察的结果,证实了这是质子。博特的穿透性

小居里夫妇

γ射线竟然发射质子! 这项发现很了不起! 由轰击质子而引起自由粒子射出是著名的电子康普顿效应的一种形式。然而,在一般的康普顿效应中,反冲电子很轻（$mc^2 = 0.51$ MeV）,容易被反冲,但是质子的质量是电子质量的 1836 倍,并不那么容易被反冲。如果一颗弹子撞击另一颗弹子,这是容易发生反冲的,但是如果一颗弹子撞击一辆汽车,汽车就不应该有明显的移动。可是按照小居里夫妇对实验的解释,汽车也能被推走好远,这怎么可能呢?

卢瑟福看了查德威克给他的小居里的实验报告,不相信会有这种情况发生,他怀疑这种能量很大的 γ 辐射线可能是中子辐射。查德威克也有同感。他用铍辐射源轰击氢、氦、锂、铍、硼、碳、氮、氧,结果表明所有的实验都打出了

质子;用从放射性元素钋中射出的大量粒子轰击轻金属铍的原子核,相互作用当中,喷射出不带电荷的粒子束,从而分离出了这种长期猜测的粒子。当查德威克使这些粒子穿透含氢丰富的粗石蜡时,它们形成了巨大的能量,可轻易击破可辨认的质子。查德威克据此提出了假设:铍辐射不是 γ 辐射,而是一种质量与质子很接近的粒子的辐射。因为 γ 辐射是光子辐射,不可能从原子核中打出质子。为了解释这种辐射强大的穿透力,必须假设粒子没有静电荷。他假设它是卢瑟福在 1920 年讲演中所讨论的"中子"。查德威克后来做了一系列实验,证明他的假设是正确的。

查德威克发现了中子,意义重大,不仅改变了当时人们的物质结构的概念,还为研究和变革原子核提供了一种有力的手段,促进了核裂变研究工作的发展和原子能的利用。

希腊的哲学家早在公元前 600 年就提出了物质是由不可分割的基本单位所构成的,这是原子观念的萌芽。到了公元 18 世纪,随着化学的不断进步,人们发现各种化合物在产生化学反应时其质量之间恒成一定比例,这为原子的存在提供了一些证据,原子的假说由此应运而生。

到了 19 世纪末,在化学上有道尔顿的原子说,门捷列夫的周期表;生物学上有细胞说,达尔文的进化论;物理学上力学、光学、热力学、统计力学、电磁学等近乎完美。威廉·汤姆生在 1900 年的新年献词中说:"在已经基本建设成的科学大厦中,后辈的物理学家只要做一些零碎的修补工作就行了。"正当人们准备庆祝古典物理大厦落成典礼时,1895 年伦琴发现 X 射线,接着放射性元素和电子的发现,使大厦开始动摇。进入 20 世纪,科学家开始探索原子内部的奥秘,不仅否定了传统的原子观念,还掀开了放射化学研究的新篇章。

放射性的研究应用

名句箴言

人只有为自己同时代人的完善，为他们的幸福而工作，他才能达到自身的完善。

——马克思

原子能的发现

人们从贝克勒尔和居里夫妇发现镭的天然放射性以来，就知道放射性元素能够释放出具有能量的射线。但是放射性元素能释放出能量的原因，其他元素能否放出能量，如何人工控制释放能量，成为当时科学家急需解决的问题。

1902 年，居里夫妇在实验中发现：新提炼出来的镭不仅发出辐射，还能发出热和光。据测量，每克镭每小时大约可以放出 140 卡的热，而光的亮度足以用来看书。居里教授把手放在不可见的镭射线中几小时，结果手上就出现了溃疡，像灼伤一样。若不是亲眼所见，居里夫妇都不会相信有一种元素会不间断的地发出光和热，这些能量从哪里来的呢？莫非在整个宇宙起作用的能量守恒定律，到了巴黎化学院这间矮小、破旧的板屋里就失灵了？

1903 年夏天，卢瑟福拜去拜访居里夫妇。在夜晚，居里拿出一个部分涂了硫化锌的玻璃管，里面装有含着许多镭的液体，黑暗中管子的光辉显得灿烂夺目。卢瑟福看得着了迷，他在感叹造物主的伟大的同时，也不由自主地问自己：这能量从哪里来呢？

卢瑟福回到麦吉尔大学后，立即和索迪研究放射性衰变所释放的能量。经测量，1 克镭在蜕变时放出的能量也许会在 10^9—10^{10} 卡，而氢和氧化合成 1 克水大约释放出 4000 卡能量。由此可推断，辐射变化的能量比任何分子变化的能量都至少大 2 万倍，甚至 100 万倍。卢瑟福开玩笑说，假如能找到一种合适的起爆物，可以设想在物质中触发一个原子蜕变波，这将使这个旧世界消失在烟雾中。后来索迪在《镭的阐述》一书中提到：若能把潜伏并束缚在原子结构中的巨大能量引出来加以控制，它将是一种改变世界命运的动力！吝啬的自然用一个杠杆小心地控制着所蓄能量的输出。那个能抓住这个杠杆的人将拥有一件武器。如果他愿意,就可以用它毁灭地球。

能量的贮藏地

原子核是能量的聚集地,它的比重极大。如果将 1 立方厘米的纯粹的原子核物质(即质子和中子)集中在一起,那么重量将达到 1 亿多吨。

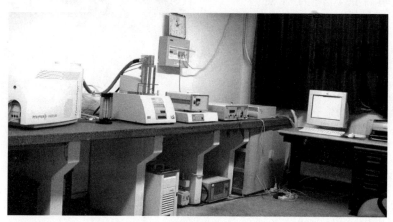

质谱仪

1918 年,汤姆生的学生阿斯顿(1922 年诺贝尔化学奖获得者)制究成功了可以准确地测量原子核质量的质谱仪。他发现几乎所有的原子重量都十分接近整数,而且它们之间存在着近似倍数关系。如氢为 1.008,由 4 个氢集中在一起的氦为 4.002。令人奇怪的是,氦为什么不是 4.0032 呢?氧不是 16,而是 15.994。这同整数的微小差别意味着什么呢？阿斯顿经过一系列研究认为：在原子核里，质子和质子之间有电的排斥力。但实验表明，原子核里的质子不但没有彼此分离，而且还和中子紧紧地"抱"成一团。原来，在核子之间还有一种很强的作用力，这种作用力就是核力。就是这种核力，将质子和中子"捆"在一起。现在，人们称核力为结合能。核力有点像"胶"，只在非常小的距离内起作用，一般每一个核子只与相邻的核子有核力

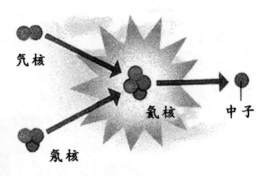

核聚变

作用，距离再大一点就不起作用了。尽管如此，核力作用仍然十分强大。据测算，如果一张纸纯粹是由原子核做成的话，则需要200辆火车头的拉力才能把它撕破。可见，"核力"是非常强大，原子核内蕴含的巨大能量也是非常惊人的。原子重量同整数的微小差别，根据阿斯顿在20世纪20年代进行的研究表明，中等大小的原子核结合得最紧密，周期表两端的原子核变成中等大小的原子核时，会放出能量。小的原子核变成中等大小的原子核，这个过程叫作核聚变。在这个过程中，有质量亏损现象。根据现已由实验证明了爱因斯坦（1921年诺贝尔物理学奖获得者）质能关系式：

$\Delta E = \Delta mc^2$（式中 E 为释放的能量，M 为减少或增加的质量，C 为光速），可以算出损失的质量会转化成多少能量。一克铀所具有的能量，足够一盏 1000 瓦的电灯点燃 2850 年，或者相当于燃烧 2000 吨汽油的能量。

铝变磷

1933 年 10 月，比利时首都布鲁塞尔举行了世界上第一次讨论核物理的盛会。在会上，约里奥即玛丽·居里的女婿提交了一份报告，他们发现，如果用钋产生的 α 粒子来轰击中等重量的元素，被击中的靶子将放射出质子。当用 α 粒子轰击某些较轻的元素，如铝和硼，有时不是放射出一粒质子，而是先放射出一粒中子，然后再放射出一粒正电子，这似乎证明

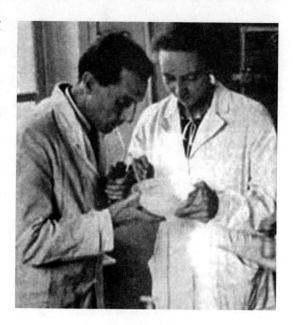

约里奥夫妇

质子是中子和正电子的复合体。这个结论遭到许多与会科学家的怀疑甚至反对。但玻尔却认为他的实验结果很重要。约里奥夫妇回到巴黎，下决心彻底解决这个问题。

在实验中，约里奥夫妇用钋放射源来辐射铝片制成的靶子，即用钋放射出的 α 粒子作"炮弹"，向铝板"开火"，结果可以听到盖革计数器（一种检测辐射粒子的仪器）嘀嘀的响声。当他们把放射源拿开时，中子的放射完全停止了，本来盖革计数器的响声也应该停止，但实际上响声仍然在继续。经实验检测，原来正电子的放射仍在继续进行，像天然放射性元素的放射性那样，在一段时间内逐渐减少，在大约3分钟内衰减到它开始时强度的一半。约里奥夫妇以为盖革计数器出了问题，便请来了有关专家检查，结果证明盖革计数器处于良好的工作状态。约里奥夫妇现在肯定自己发现了用人工方法使物质具有放射性的途径，他们计算了可能发生的变化：

铝（13 个质子、14 个中子）＋α 粒子（2 个质子、2 个中子）→磷（15 个质子、15 个中子）＋1 个中子

由于这种结构的磷不稳定，会继续嬗变：

磷（15 个质子、15 个中子）→硅（14 个质子、16 个中子）＋1 个正电子

这个事项表明，不但可以像卢瑟福那样将原来的原子核撞下一部分来，而且可能用人工方法使核在放射性衰变

中释放出部分能量。约里奥于 1935 年获得诺贝尔奖,当时他曾经预言:"我们有理由相信,科学家可以随心所欲的聚合或分裂元素,从而使爆炸形式的嬗变成为事实。如果这种嬗变一旦能成功地在物质中蔓延开来,我们可以看到巨大的、可利用的能量将会被释放出来。"

伟人的失误

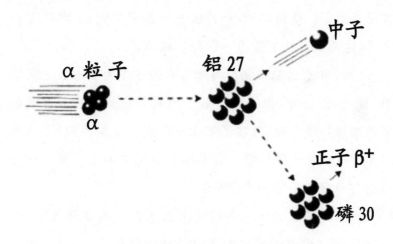

人工方法产生的放射性同位素

人工放射性的发现使整个科学界躁动不安,匈牙利裔物理学家西拉德也大吃一惊。他出身于匈牙利一个知识分子家庭。小时候身体不好,10 岁才开始上学。学习期间曾多次获奖,为人诚实正直。18 岁毕业时,他获得全国数学奖,表现出一个科学家的潜在素质。1919 年,西拉德前往德国学习物理学,结识了爱因斯坦,深受爱因斯坦的赏识。24岁时,西拉德获柏林大学博士学位。1933年,为逃避纳粹对犹太人的迫害,他来到英国。

1933年9月12日,《泰晤士报》刊出一篇名为《元素的转变》的文章。文中对卢瑟福的观点进行了如下综述:将来也许不需要几百万伏的高压加速轰出粒子,几万伏也许就能造成转变。在这个转变中放出能量,但不能指望用这种方法获得能量。任何人希望从原子的转变过程中获得能源都是在幻想。众所周知,卢瑟福一向治学严谨,非常有先见之明,他那非凡的直觉也一贯是正确的。

1920年卢瑟福推测出可能存在原子量为2的氢的同位素(氘)。1932年,他的关门弟子奥利芬特使用一台首批制造的加速器做实验,发现了氘和氘反应产生某些粒子,但是搞不清这些粒子的性质。后来在卢瑟福的推论下奥里芬特通过实验证实了那些粒子是氚。

卢瑟福的结论在一定程度上被人们认为是真理了,所以对他的结论或预测提出异议的科学家很少。不过,他关于原子能利用的推测却令物理学家西拉德非常不满。西拉德认为卢瑟福的结论下得太早了,而且很可能是错的。小居里夫妇的发现为人工释放原子能开辟了一条新的道路。

柳暗花明又一村

1934 年 9 月，西拉德提出了用中子轰击原子核比用 α 粒子更有效。他找到了人工放射性的另一种方法。但他的想法远远超出了人工放射性的范围。他回忆起曾经读过的《获得自由的世界》，想起了书中预言的原子能的释放、原子能及世界政府。他长期致力于找出一种元素或几种元素，它们在捕获一个中子后，会放出两个或两个以上的中子来，从而引发链式反应。链式反应是西拉德首次提出来的。所谓链式反应，指的是用一个中子轰击原子核时，不仅使这个核分裂，而且还放出 2—3 颗轰击其他核的"中子炮弹"，再使 2—3 个核分裂，放出 4—9 个中子，这些中子又引发别的核分裂……这样不断的持续下去产生的中子越来越多，被分裂的铀核也越来越多，因此在极短的时间内（1‰秒）就有大量的核发生裂变，并释放出惊人的能量。

西拉德深入研究分析后发现，最合理的办法是系统地审查全部元素，但非常可惜他没有这个条件。没有资金，没有可以帮助他的助手，也没有做这种实验的实验室。因此，西拉德失去了用中子轰击来系统地探索全部元素，从而取得惊人发现的机会。只好将这个良好的机会让给了意大利的费米。

费米的研究与发现

费米,E.(Enrico Fermi 1901—1954年)美籍意大利物理学家。1901年9月29日出生于罗马。1918年进入比萨大学,1922年获得博士学位。继而去德国哥廷根大学随玻尔工作,后又去荷兰莱顿大学随厄任费斯脱工作。1924年回到意大利,在罗马大学任教,1925年到佛罗伦萨大学任讲师。1927年回罗马在帕尼斯佩纳大道的物理研究所工作,并在罗马大学担任第一任理论物理讲座。1938年意大利颁布了法西斯的种族歧视法,由于费米的妻子是犹太血统,他于1938年11月利用去瑞典接受诺贝尔奖的机会,携带家眷离开意大利去美国,先在纽约哥伦

费米

比亚大学后在芝加哥大学任教。费米于 1929 年被选为意大利皇家学会会员,1950 年被选为英国皇家学会国外会员。为了纪念他所做出的贡献,原子序数为 100 的元素以他的姓氏命名为镄(ferium)。美国原子能委员会设立了费米奖金,1954 年首次奖金授予他本人。20 世纪以来,物理学研究领域的广度和深度都发展得很快;很少有人能在几个领域都做出重要的贡献。可是费米对理论物理和实验物理都做出了重要的贡献,有些还是开创性的成就,这在 20 世纪是罕见的。1954 年 11 月 29 日费米病逝于芝加哥,终年53 岁。

费米根据泡利不相容原理,于 1925—1926 年与英国物理学家狄拉克各自导出量子统计中的"费米—狄拉克统计"。1934 年,费米开始了史无前例的关于中子引起的核反应的研究,提出热中子的扩散理论。他在用中子轰击铀原子的核反应实验中,得到了一种"新元素"。当时他把这种元素起名为"超铀"元素,首创了 β 衰变的定量理论,为原子能研究奠定了重要的理论基础。

在一开始用中子轰击原子核实验时,费米自己动手制成了粗糙的盖革计数器,然后叫人准备了一个以钋蒸发入铍这种形式的中子放射源,但是由于放射出的中子较少,该实验未取得进展。于是,费米改用氡气作中子源。经计算,这个放射源每秒钟可以提供 10 万个中子。他打算把周期表上绝大部分元素都辐照一遍。他从最轻的元素依次开始实验。他独自一个人先辐照水,这样就同时试验了氢和氧,然后又试验了锂、铍、硼和碳,但未能使它们具有放射性。但费米并不气馁,他又试验了氟化钙。经过几分钟的辐射后,他立即将氟化钙移到计数器附近,计数器刚开始跳动加快,以后很快慢了下来,约到 10 秒钟时减到一半。不久,他又试验了铝,同样取得了成功,不过测得的半衰期为 12 分钟,与约里奥夫妇的发现(半衰期约为 3 分钟)不一致。为了将实验工作继续下去,他找了几个助手帮忙,最后基本上把周期表上所有的元素都试了一遍。费米对观察的结果进行了总结,发现氢元素一般放出一个质子或一个 α 粒子而嬗变为更轻的元素。如铁经中子轰击后变成了具有放射性的锰。但是原子核四周的电屏障既阻碍粒子的进入,又阻碍它的排出,而且这道屏障随着原子序数的增大而强度加大。因此,重元素不是变轻而是变得更重:它们捕获了轰击它们的中子,放射出 γ 射线以去掉中子的结合能,这样由于增加了质量而未增加或减少电荷,就成为比它们自己更重一点的同位素。经过一段延缓时间,这种同位素放射出 β 射线而衰变为一种新元素,其在元素周期表上的位置比不放射 β 射线时的位置后移了一位,因为原子核中增加了一个正电荷,现在的原子序数为原来的原子序数加一。

费米到最后用铀做实验。他们用氡放射源照硝酸铀,结果发现其产物有几种不同的"半衰期":一种是 1 分钟左右,一种是 13 分钟左右,还有尚未确切测定的更长的半衰期。所有这几种产物都放射出 β 粒子。而放射出 β 粒子的元素的原子序数都应加一。看起来嬗变可沿着周期表向上发展到尚未为人所知的人造元素的新领域中去证实这一惊人的可能性,费米需要用化学分离法来证明中子轰击产生了比铀更重的元素。1 分钟半衰期过短,难以进行研究。因此,他集中力量于那半衰期为 13 分钟的物质。他和助手经过一系列化学试验证明了这种物质不是已知的重元素,如镤(91)(括号内数字表示原子序数,下同)、钍(90)、锕(89)、镭(88)、铋(83),也不是铅(82)。他推测可能得到第 93 号元素,并把这种可能性报告给《自然》杂志:"由于已经证实这种半衰期为 13 分钟的物质不是很多种重元素,可以设想这个元素的原子序数或许大于 92 的可能性。"

费米花了四年时间完成了西拉德称之为"令人厌烦"的工作。尽管西拉德取得了世人瞩目的成就,但却没有弄清铀经过氡照射后的产物到底是什么,结果错过了发现核裂变的机会。

核裂变

科学研究中有人错失机会就有人会抓住机遇。费米实验小组在用中子轰击银的实验中发现：他们把银圆柱筒放在实验室中不同的地点则产生不同的放射性。中子源在木桌上辐照银会比在大理石桌上辐照银得到的放射性强得多。费米觉得这是一个值得研究的现象，就决定亲自动手。那一天，费米忽然觉得该试验一下在入射中子前面放入铅会产生什么样的效应。但到开始放的时候，他又改变了主意，将一块石蜡放在原来打算放铅的位置上。结果奇迹出现了，产生的放射性强度剧增。显然，这种强烈的放射性是由于产生放射性的辐射为石蜡所过滤造成的。但如何解释这一现象呢？费米陷入了深深的思索。几个小时后，他想出了答案：是中子同石蜡中的氢核发生碰撞，使中子的速度减慢下来。过去大家一直认为，用速度快的中子轰击原子核更好一些，因为速度快的质子和 α 粒子一向是更好的，但是这种类推忽略了中子特有的中性。一个带正电荷的粒子需要能量来推动它穿过原子的电屏障，一个中子则不需要。事实是中子减慢，使它在其核附近有更多的时间，这就更易于被核捕获。

又经过一系列实验证实，有些元素，如硅、锌、磷等似乎不受慢中子的影响，而铜、碘、铝等则受其影响。于是费米决定重新做中子轰击每个元素的试验，看看慢中子的轰击是否会产生不同的蜕变产物。1938 年，费米由于对中子轰击原子核的研究及发现与此有关的慢中子所致的核反应而获诺贝尔物理学奖。

放射性研究的应用

事实上费米得到的并不是"超铀"元素。1939 年费米到了美国。当时德国科学家哈恩与斯特拉斯曼用化学方法检验了费米的实验,发现用中子轰击铀原子,只能得到地球上已存在的钡。从费米的错误结论出发,竟然得到一个意想不到的惊人成就。因为钡的重量略高于铀的一半,这是无法用"原子核的'裂变'"理论解释的。因此,哈恩与斯特拉斯曼便大胆地提出一种新设想,认为铀原子核受到中子的轰击后,不是"衰变",而是"分裂为大致相等的两个中等质量的原子"。这就是著名的"裂变理论"。

当费米得知核裂变诞生时,马上从外地返回哥伦比亚大学,一头扎进物理实验室。他用精密细致的实验验证了"裂变理论"的正确性,并致力于研究裂变的"链式反应",进而建立了一整套"链式反应"的基本概念和基础理论。

费米为人类科学的发展做出了不朽的贡献。铀核反应的实验成功及其基础理论的产生,为后来原子弹的试制成功提供了有力的实验基础和可靠的理论依据。这一重大成果,打开了长期封闭的原子核能宝库的巨锁,为人类找到了取之不尽、用之不竭的新能源宝藏。由于取得如此巨大的成就,费米成为原子能事业的先驱,成为世界上最有声望的科学家之一。

费米仍然沉湎于它的实验研究,有人认为费米辐照铀时所产生的是镁,而不是新的铀后元素。费米也认为这的确需要做进一步的实验来证实。德国威廉大帝化学研究所的哈恩和梅特涅于 1917 年发现了镤。他们了解它的化学特性，因此觉得自己有资格重复费米做过的轰击铀的实验。在柏林和巴黎，研究者发现，经过辐照的铀有许多不同的半衰期，这实在令人感到迷惑不解；哈恩认为他比世界上任何人更适合进行这种微妙的放射性化学实验。

1935 年，哈恩和梅特涅一同寻找中子轰击铀的所有产物。到 1938 年初，被他们发现的不少于 10 种半衰期不同的放射性活动。他们假定这些物质是铀的同位素或铀后元素。哈恩对这些化学变化很感兴趣，没有注意到能量的变化，而梅特涅发现产生这些新元素所放出的能量巨大，而且越来越无法解释。

1938 年 7 月，梅特涅逃往荷兰避难，后来来到哥本哈根。玻尔接待了他，并安排了他的工作。于是用中子轰击铀的实验只能由哈恩和他的助手斯特拉斯曼来做。哈恩和助手成功地找到了不少于 16 种不同的放射性物质。他们使用钡作载体将它们进行分离，找到了三种过去从来没有发现而他们相信是镭的同位素的产物，但几乎所有的核物理学家对这种可能都表示怀疑。

1938 年 12 月，哈恩感到非常困惑："镭的同位素"表现得极为奇特，化学性质和钡一样，无法与钡分离开来。他们采用了各种途径，几乎将所有东西都从钡分离出来了，唯独不能将"镭的同位素"与钡分开。现在他们开始相信所谓"镭的同位素"就是钡。哈恩把这一结论告诉了在丹麦的梅特涅，他非常吃惊，不过他并没有否定这种可能性。

哈恩为了证实"镭的同位素"就是钡，他不停地做实验，从放射性物质的衰变产物中分离出了镧（57号元素）。他是由钡（56号元素）通过β衰变转化来的，这就更加肯定了受中子轰击后铀原子核分裂了，转化成钡和其他物质。1944年，哈恩因发现重原子核而获诺贝尔物理学奖。

玻尔得知这一结论后，一下子就领悟了问题的实质：原子核分裂了。1939年1月，玻尔到美国华盛顿参加一个物理学会议。在会上，他宣布了物理学这一最新发现，整个世界为之震惊，许多著名的物理学家对裂变的结论感到不可思议。

哈恩与另一位德国物理学家弗里茨·斯特拉斯曼合作，又开始向新的研究进

奥本海默

军。1938年末,当他们用一种慢中子来轰击铀核时,竟出人意料地发生了一种异乎寻常的情况:反应不仅迅速强烈、释放出很高的能量,而且铀核分裂成为一些原子序数小得多的、更轻的物质成分。刚开始哈恩虽然意识到这不是一般的放射性嬗变,但也不敢肯定这就是裂变。他把实验结果和自己的想法写信告诉了梅特涅,却得到了他的有力支持。她在复信中明确指出:"这种现象可能就是我们当初曾设想过的铀核的一种分裂。"后来,哈恩经过多次试验验证,终于肯定了这种反应就是铀—235的裂变。

奥本海默一开始认为这是不可能的,在看过示波器上显示的原子裂变后的能量释放的波形后,他立即改变了看法,不仅确认这是事实,而且还确定在反应中有些中子可能会放射出来,从而可以制造炸弹,产生动力。这一切都是在几分钟之内说出来的,而且都是正确的,可见他的头脑反应特别快。大约一个星期后,在奥本海默办公室的黑板上,就出现了一幅画得很概略的炸弹草图。无独有偶,费米也做了同样的推测。有一天,他望着狭长的曼哈顿岛将手握成一个拳头,自言自语地说,"只要像这样一颗小炸弹,这一切都会消失得无影无踪。"

核裂变意义不仅在于中子可以把一个重核打破,更重要的是在中子打破重核的过程中能释放出能量。核裂变的发现是释放原子能的一声春雷。在此之前,人们对原子核裂变释放能量一直持怀疑态度。而铀核裂变的发现，当时就被认为"以这项发现为基础的科学成就是十分惊人的，那是因为它是在没有任何理论指导的情况下用纯化学的方法取得的。"

名句箴言

夫志当存高远。

——诸葛亮

原子弹的诞生

在1941年1月，美国物理学家路易斯·特纳发表了一篇题目为《来自铀－238的原子能》论文。文章认为，大部分铀－238的裂变能量即使不能直接利用，也可能间接利用。因为用中子轰击铀，存在把部分铀转变为铀后元素的可能性。当铀－238的一个原子俘获一粒中子后，就成为同位素铀－239。这种物质也可能裂变，但无论铀－239 是否裂变,它在能量上都是不稳定的,很可能由于放射出 β 粒子而衰变为几种比铀重的新元素,这些新元素中的一种或几种可能由于慢中子产生裂变,这就使铀－238 间接地得到利用。

在元素周期表中,铀后面第一个元素应是第 93 号元素,特纳认为第 93 号元素可能衰变成第 94 号元素。第 94 号元素在吸收一个中子时,比轻一点的铀同位素更可能产生裂变,因此推测它具有更大的裂变截面。自从费米寻找铀后元素失败后,许多核物理学家都致力于探索铀后元素的研究中来。1939 年当哈恩发现裂变的消息传到美国后,伯克利人麦克米伦利用劳伦斯的回旋加速器,来探索在裂变发生的同时到底有没有铀后元素产生。经过几个月的努力,他发现在铀核反应中,有一种半衰期为 23 分钟的产物可能是铀－239,另外有一种半衰期为 2.3 天的物质可能是第 93 号元素。

麦克米伦

1940 年,麦克米伦在实验物理学家的帮助下证实,随着半衰期为 23 分钟的铀－239 的放射性活动的衰减,半衰期为 2.3 天的物质的放射性活动逐渐增强。这种半衰期为 2.3 天的元素就是第 93 号元素,他将它命名为镎。接着,麦克米伦发现镎不稳定,放射出 β 粒子而衰变,其产物可能是第 94 号元素。他猜测第 94 号元素也像铀－236 一样,天然地放射 α 粒子。在 1940 年秋天,他终于证实了有一种放射 α 粒子的物质不是镁、铀或镎的同位素,它很可能是第 94 号元素。他准备进行科学分离。就在这关键的时候,美国国防研究委员会在麻省理工学院建立了一个大实验室。赞助人想请美国最负盛名的实验物理学家劳伦斯 (1939 年诺贝尔物理学奖获得者)去当实验室主任。

西博格

但劳伦斯不想离开伯克利,于是他说服手下最能干的麦克米伦去麻省理工学院。麦克米伦走后,他的同事西博格以麦克米伦合作者的身份进行第 94 号元素的分离工作。西博格决定采取两个途径:一是致力于研究已发现的一种强烈的 α 粒子放射物,希望能证实它就是在化学性能上与任何已知其他元素不同的第 94 号元素的一种同位素。与此同时，他们还准备大量生产出镎－239，研究它的衰变产物是否为第 94 号元素，并试图测定这种物质的裂变可能性。1941 年 1 月 9 日，西博格把 10 克六水硝酸双氧铀放在 152 厘米的回旋加速器中进行 6 小时的轰击。第二天早晨，他们又对另外 5 克轰击了 1 小时。到了下午，他们通过电离室的测定知道，他们可以通过回旋加速器的轰击得到第 94 号元素。他们计算出每一公斤的六水硝酸双氧铀经过适当的辐照，可以由镎经过一段时间的 β 衰变得出 0.6 微克（约百万分之一克）的第 94 号元素。1941 年 1 月 20 日，西博格找到了镎－238 放射出 β 粒子后的产物。要确切地证明它就是第 94 号元素，还要进行化学分离。2 月 23 日下午，西博格的助手沃尔发现，他可以用钍为载体把这种 α 粒子放射物从酸溶液中沉淀出来，不过他却不能把它与钍分离开。他向伯克利的一位化学教授请教，这位教授建议采用一种更强的氧化剂。当天晚上，沃尔试验用新的氧化剂分步沉淀，获得成功。钍从溶液中沉淀出来，而那种 α 粒子放射物则有足够的数量留在溶液中。实验至此，他们已将 α 粒子放射物与任何已知的元素分离开。因此可以断言，这种 α 粒子放射性是来自第 94 号元素。接下来，西博格又使用回旋加速器轰击 1 公斤六水硝酸双氧铀，结果得到微量的镎－239。对它进行浓缩后，放在一个小碟中，让它完全衰变成第 94 号元素。西博格将这种新元素称为"钚"。接着,西博格又通过实验证实钚-239 可由慢中子产生裂变。

科学的进步往往需要有献身精神的人。西博格通过长期的实验,终于提炼出 200 毫克钚的样品,可是由于上呼吸道感染与过度疲劳综合征使他的高烧不退。无奈,他只好脱离工作岗位,去疗养一段时间。

1951 年,西博格和麦克米伦发现了镎和钚,共同荣获诺贝尔化学奖。一分耕耘一分收获,他们开辟了超铀元素化学新领域,为化学的发展做出了突出贡献。钚的发现,也为原子弹的研制开辟了另一条途径。

曼哈顿工程

第二次世界大战期间,西拉德等人为防止德国人抢先造出原子弹,动员著名科学家爱因斯坦上书美国总统罗斯福批准进行原子弹的研制,开始美国政府并不予以重视。直到 1941 年 12 月 6 日,日本偷袭珍珠港的前一天,才批准了美国科学研究发展局全力进行美国研制原子弹的步伐。于 1942 年 8 月美国制订了研制原子弹的"曼哈顿计划"。

曼哈顿工程由美国陆军工程兵负责,总部设在华盛顿。曼哈顿是纽约的精华所在,也被称为"美国的象征"。这个计划的保密程度非常严格,以至于连当时的国会议员杜鲁门也是几年后才了解真实情况的。整个工程由美国陆军工程兵建筑部副主任格罗夫斯将军负责。白宫授权政府开支 22 亿美元,投入人力 50 万。这是美国历史上一项伟大的创举。

格罗夫斯选用奥本海默为总设计师。奥本海默被授予这一职位可以说是当之无愧,他知识渊博、思想活跃,具有战略眼光和洞察力,以及潜在的组织才能,善于与各种领导打交道。更为可贵的是,他一工作起来就达到忘我的程度,是一位难得的人才。

奥本海默接受任职之后马上组织专家们研究了原子弹的基本形状、结构、尺寸等等。他们认为,原子弹形状应当像一个圆球,铀芯被包在又厚又重的金属壳内。外壳有两个作用:一方面它能在爆炸的最初千分之几秒内将爆炸物质约束住,不使其飞散; 另一方面它又能把泄露到铀芯以外的中子部分地反射回去参与裂变过程。

仅用了短短的几周时间,奥本海默带同事们不仅研究和整理了已有的研究成果,还弄清楚了制作原子弹的步骤。澳本海默卓越的领导才能尽显其中。

奥本海默在洛斯阿拉莫斯实验室里,还设了一个专门研究原子弹的起爆机制的军械处。军械处的专家们想出了一种简单易行的办法:先造一个质量接近(绝不能达到)临界质量的核装药炸弹,然后,利用枪的原理,把另一块裂变物质做成核“子弹”,在击发时,将核“子弹”射到接近临界质量的核装药炸弹中,使这枚原子弹在瞬间达到或超过临

实施"曼哈顿工程"的原子弹工厂

界质量,从而立即发生爆炸。考虑到原子弹的效率,设计师要求当两块核弹药撞在一起时,至少有一个中子将肯定在两块东西有机会分离和破碎之前开始链式反应,这就需要一个起爆器——一个镭加铍中子源,或一个钋加铍中子源。让镭附在一块弹芯上,而让铍附在另一块上,以便在两部分猛撞在一起时,能射出中子,从而引发链式反应。

塞思·内德迈耶提出了他设想:在球形反射层周围装上一层球形的高效炸药,里面是一个具有厚壁的空心球形弹芯。在许多点同时点火以后,高效炸药爆炸后产生的冲击波会从四周挤压反射层,反射层又会挤压弹芯,其结果会把空心球形弹芯变成实心的球状弹芯。但是,几乎所有的科学家(包括奥本海默)都强烈反对。

奥本海默虽然怀疑内德迈耶的方法,但是,他深知原子弹的研制需要仔细的推敲,大胆的尝试。考虑到原子弹的起爆研究尚处于探索阶段,需要每个人的积极配合。如果采取简单的行政命令或少数服从多数的办法,给某种设想和建议判处死刑,可能会使研究工作受到阻碍。因此,奥本海默单独召见内德迈耶,对他富于创造性的思考给予了高度评价,并任命这位孤军奋战的勇士为新设的军械处内爆实验组组长,还给他配备了助手。内德迈耶不负众望,在其他科学家的大力支持下,终于完成了内爆设计的任务。

奥本海默对于世界一流的学术领导人的称号当之无愧,他力排众议,大胆鼓励和支持年轻人的设计,并为其提供必要的研究条件。

真理与磨难往往并存。越是天才的设计,能一下子了解其妙处的人越少,因而往往受到的阻力也越大。这就需要决策者慧眼识珠,更需要建议者相信自己的分析和判断,相信领导和同事们科学求实的精神和眼力,旁征博引,据理力争,把智慧的火花尽可能地放大,使它不仅照亮自己,也能照亮别人。

辉煌瞬间

1945 年 7 月 16 日凌晨,在新墨西哥州的阿拉莫可德沙漠中进行了世界上第一颗原子弹的爆炸实验。凌晨两点,从洛斯阿拉莫斯或更远的地方来的客人开始到达离实验场 32 公里的观察地点。清晨,5 点 30 分按动引爆装置。瞬间,好像无数的太阳同时放射出耀眼的光芒,立时出现了一个直径为 2 公里的巨大火球向空中升腾,转眼之间变成高达 10000 米的庞大蘑菇云,由于爆炸引起了飓风,并像地震一样震撼着沙漠的大地。安放原子弹的铁塔,已被几百万度的温度蒸发得无影无踪,留下了巨大的深坑,估计原子弹的爆炸当量约相当于 2 万吨 TNT 炸药。

有人回忆当时的场景说:"在爆炸的那一时刻,我正直

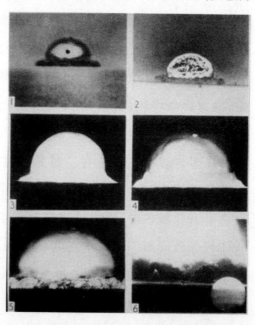

世界上第一颗原子弹爆炸的景象

视着它,没有带任何保护眼睛的东西。我看到先是一种黄色光辉,随后几乎全部都变成了一种压倒一切的白色闪光,光线是那样强烈,我什么也看不见了……在爆炸 20 或 30 秒后,我逐渐恢复了正常的视力。这一壮观的场面真令人吃惊。"

在大本营,令格罗夫斯难忘的不是让人炫目的闪光(他们都带着焊工的眼镜),而是在寒冷的沙漠清晨脸上所感受到的灼热。这就像打开一个熊熊燃烧的火炉,太阳从里面像日出那样冒出来。

广岛上空的蘑菇云

1945 年 8 月 6 日凌晨 2 时 45 分,三架美国 B-29 大型轰炸机从太平洋上的提尼安岛起飞,向距离 3200 公里的日本本土飞去。其中一架飞机里运载着一名"贵客"。"贵客"全身乌黑,状如鲸鱼,打扮漂亮,身高 3.05 米,身径粗 0.7 米,是个超重量的家伙,足有 4 吨多重。这就是以后闻名世界的第一颗原子弹。它是由核装料铀-235 组成。这是"贵客"第一次乘机旅行。

运载"贵客"的飞机上,机组人员穿上了防弹衣,投弹手眼睛贴在瞄准器上,9 时 15 分,瞄准点进入瞄准器十字线的中心。弹舱门自动打开了,细长的"炸弹"一头扎了下去。"小男孩"的下投,使飞机重量减轻了 4 吨多,机身猛然上跳。

驾驶员操纵飞机做 150°的急转弯,立即加速地脱离爆炸区,机组人员全部戴上了护目镜。与此同时,另一架飞机里飞出了三个降落伞,伞下面是一些试测仪器。

广岛的天空和地面非常平静,看见那三个降落伞的人们以为是敌机中弹,飞行员跳伞逃生,大部分日本人在这时仍然十分自信。可是,天空中突然发出一道闪光,看见它的人无法说出它是什么颜色。就在这一刹那,广岛几乎全部时钟都停止了,指针指在 9 时 15 分上。原子弹在离地面 600 米的高空爆炸,形成一个巨大的火球,火球发出的热变,使爆心附近千米范围内瞬时腾起浓烟大火。

广岛上空的大气被强大的冲击波搅动着,急速上升的原子云柱带上水蒸气在高空又凝结成雨点,夹杂着放射性污染了的尘埃一块块落下来,曾是几十万人的熙熙攘攘、充满生命的城市,眼下却是满目疮痍、一片废墟。这就是"贵宾"原子弹带来的灾难,人员死伤 20 多万,广岛市区中心被夷为平地,近 6 万所房屋被破坏,12 平方公里的土地被波及。

核轰炸广岛之后不久,1945 年 8 月 9 日,另一枚名叫"胖子"的原子弹落在了日本长崎,重演了广岛的灾难。

在广岛和长崎投射原子弹的爆炸,震惊了全世界,从此原子弹作为大规模毁灭性武器,成了悬在人类头上的"达摩克利斯之剑"。而与此同时,一场全球性的核军备竞赛也悄悄开始了。核威胁的阴影逐渐笼罩全球。

西拉德早在 1934 年就思考过研制原子弹。后来他的想法更加具体了：裂变时会释放出两三个中子，这几个中子会击中新的铀核，使之再产生裂变，如此循环往复。于是，链式反应发生了。但是，由于原子内部的空隙非常大，原子核好比是万人体育馆里的一个乒乓球，很可能还没有击中原子核，就已经通过那广阔的空隙飞到铀块外面去了。如果每一代裂变产生出来的中子从空隙中跑掉得太多，那么，击中新核引起裂变产生出来的中子数目就会比上一代减少。果真如此，链式反应就不会持续下去。但是，如果铀块(或铀球)的体积足够大，那么，在裂变中产生的中子即使击不中近处的铀核，也会击中远处的铀核。这样，链式反应将会不断地持续下去。

假如链式反应持续下去，铀块的体积必须要有一个最小限度。核科学家把这个最小限度的体积称作"临界体积"，铀在临界体积时所具有的质量，则被叫作"临界质量"。他明确提出："如果厚度大于临界值，我就可以制造出一次爆炸。"西拉德想的太超前了，许多人认为他是异想天开，有些人没有想这么遥远。不过，哈恩发现的核裂变已为人们敲响了警钟。

西拉德、费米都认为链式反应是可能的，并认真研究了能量的变化。他们认为，1公斤铀核裂变所生成的能量，同燃烧230万升汽油的能量相当，并且可以在约1％秒内完成。在如此短的时间内释放出如此巨大的能量，必然会产生摄氏几百万度的高温和几十万个大气压的压力，换言之，就会产生一次巨大的爆炸和一次致命的辐射，造成一种空前的大规模毁灭。这个爆炸性的消息一传开，立即引起科学家们的极大的关注。

科学家的研究证实，铀核裂变时能放出中子和巨大的能量是人们所知道的。但人们更关心的是每次裂变究竟能放出多少中子，因为这关系到究竟能否实现链式反应。经过许多科学家的努力，确定了每个铀—235核发生裂变，平均约放出2.5个中子。在天然铀中主要含有铀—235（占0.72％）和铀—238（占99.27％）两种同位素，人类实际上是利用铀—235来造成链式核裂反应。然而，不幸的是，后来原子弹等核武器的研制成功给全人类蒙上了一层阴影，整个地球都面临着遭受核武器毁灭性打击的巨大威胁。